종소리, 세상을 바꾸다

이재태 지음

學而思 | 학이사

우리의 삶과 종

종은 전세계에 널리 분포되어 있으며 각각의 문명이나 나라에 따라서 그들의 종에는 뚜렷한 문화적인 차이가 내재되어 있다. 종을 둘러싼 신기한 전설도 많고, 자연 재해를 이기고자 하는 특별한 힘이나 역병이나 마법을 없애주는 영험이 있다고 믿는 사람들도 많다. 고대 시대부터 사람들은 신들과 소통하거나 영혼이 된 조상이나 초자연의 말씀을 듣기 위하여 종을 울렸고, 근대에는 인간과 인간과의 소통을 위하여 종을 만들었다. 이제는 기계 소리, 녹음한 멜로디에 자리를 내어 주었으나, 아직도 종소리를 기억하는 사람들은 평화롭고 인정이 넘쳤던 옛날에 대한 아련한 추억을 가슴깊이 지니고 있다.

필자가 어릴 때에는 어디서나 종소리를 들을 수 있었다. 학창 시절에는 자명종 소리로 잠에서 깨어나 하루를 시작하였고, 학교 수업 시간은 교무실에서 치는 종소리로 시작하고 끝을 맺었으며, 이른 새벽에 은은하게 온 동네로 울려 퍼지던 성당과 교회의 종소리는 신자가 아니더라도 모든 사람의 마음을 숙연하게 만들었다. 길거리에는 따르릉 자전거 소리가 있었고 시골 외양간 황소의 워낭 소리는 풍요로움의 상징이었다.

종소리의 추억을 기억해내고, 아름다운 종들을 수집하기 시작한 지 20년 이상이 되니 이제는 예상치도 못했던 종 수집가로 알려지게 되었다. 물론 나 스스로 생각하는 멋있는 수집가의 경지에는 도달하지 못하였으나, 나는 종에 대한 사랑에 제법 많은 시간과 노력을 투자했던 것 같다. 그 시작은 1992년부터 2년간 미국 국립보건원에서 연구원 생활을 할 때, 우연히 내가 살던 동네의 벼룩시장에 갔다가, 조그만 좌판 위에 아기자기한 소품과 종을 파는 아주머니를 만남으로써 시작되었다. 이 벼룩시장은 봉사 클럽의 주최로 매달 마지막 토요일에 열렸고, 그 수입을 학생들을 위한 공공도서

관의 도서 확충에 기증하는 자선 활동이었다. 그때 한 아주머니가 팔던 조그만 도자기가 동화에 등장하는 신데렐라, 백설공주, 피터팬, 크리스마스를 축하하는 소년·소녀 모양을 한 도자기 종이었다. 그날 도자기 인물 종 10개 모두를 10불에 구입한 것이 종 수집의 시초가 되었다. 아주머니는 자기의 어머니가 얼마 전에 돌아가셨는데, 어머니가 생전에 애지중지 모은 작은 종들은 자기에게 필요하지 않기에 벼룩시장에 가지고 왔으며, 혹시 종에 관심이 있으면 다음 달에도 어머니가 남긴 종들 중에서 남아있는 것을 벼룩시장에 가지고 오겠다고 하였다. 이후 두 달 동안 이 아주머니에게서 일본, 한국, 대만, 중국, 태국, 필리핀 등에서 만들어 미국에 수출한 40개의 귀여운 도자기 종을 구입하였고, 2년간의 미국 생활 후 귀국할 때까지 틈틈이 200여 개의 종을 모았다. 우리나라는 종교적인 의식 외에는 종을 사용하는 문화가 아니어서 주변을 돌아보아도 멋있는 종을 찾기가 어렵다. 그러므로 해외여행을 할 때마다 눈에 보이는 종을 구입하였으나 짧은 기간의 학술 대회에 참석하는 여행 일정 상 그 도시의 기념품 종 외에는 특별한 종을 수집할 수는 없었다. 그래도 외국 여행 시에 종을 구입하기 위해 현지

의 벼룩시장을 둘러보았고, 길거리를 지날 때에도 유심히 살펴보
았다.

인터넷을 비롯한 디지털 세상으로의 변화는 나의 수집에도 큰
영향을 미치게 되었고, 1990년대 후반 오랜 전통의 미국 종수집
가협회ABA, American Bell Association에 가입하게 되었다. 거기에는 종
에 미친 많은 아마추어 수집가들이 그들의 수집품을 소개하고 종
에 대한 전문가적 설명을 해주고 있었다. 이들도 처음에는 취미로
시작하였음이 분명하나, 서로 도와가며 만든 그들의 잡지나 책에
기록된 종에 대한 기록은 실로 깊고 방대하였다. 세상에 종에 미친
마니아, 일본말로 오타쿠라 불리는 사람들이 이렇게 많다는 것도
경이로웠지만 그 할아버지 할머니 회원들이 종에 대한 역사와 지
식을 기록한 전문 서적들의 깊이와 이를 만든 그들의 열정에 정말
감동하였다. 나도 배운 사람답게 무엇을 제대로 알고 그 바탕 위에
서 어떤 것을 수집해 보아야겠다는 생각을 하게 되었다. 내가 수집
하는 종도 관광지에서 판매하는 기념품에서 벗어나 가끔은 품격
있고 예술적인 종으로 확대되었다. 이후 외국에서 발행된 책과 인
터넷 검색으로 많은 지식을 얻을 수 있었고, 외국의 경매 사이트나

종 수집가들의 잡지를 통하여 새로운 수집품들을 모아 나갔다.

가끔은 '종을 수집하는 것이 나에게는 어떤 의미일까?' 하고 생각해본다. '수집'은 사라져 가는 물건에 다시 혼을 불어넣어 살려주는 것이라고 하였다. 수집蒐集의 원래 한자 뜻은 수풀 속에 숨은 귀신을 불러 모으는 것이라는데, 물건에 혼을 다시 불어넣어 주는 것은 귀신이 할 일일지도 모르겠다. 그러나 지난 30여 년간 우리 인간의 육체가 명멸하지 않게 혼신의 힘을 다하여야 하는 의사로서 살아왔으니, 사라지는 영혼에 다시 혼을 불어 넣을 수 있다면 그 어떤 일보다 더 사명감을 가지고 해 볼 수 있는 유쾌한 일이라는 생각이다. 그간 내가 수집하였던 거의 10,000점에 가까운 종들을 하나하나 살펴보면 그들이 웃거나 때로는 울고 있다는 생각이 든다. 그것은 종을 하나하나씩 모으는 데 쏟았던 열정, 마음에 드는 종을 너무나 쉽게 그리고 싼 가격으로 구하였을 때의 희열감, 미사여구에 속아 가짜 종을 구입한 후의 씁쓰레함, 그 모두가 나의 종 속에 각인되어 있기 때문일지도 모른다. 종의 수집 활동은 삶을 살아가며 잠시 나만이 몰두할 수 있는 활력소가 되어 주었고, 종

수집을 통하여 세계 문명과 역사, 문학, 종교뿐만 아니라 공예를
비롯한 유럽 예술 사조에 관한 지식을 얻을 수 있어 국제적인 감
각을 갖출 수 있었다. 또한 수집을 통하여 세계 각국의 다양한 사
람들과 친구가 되어 종 수집뿐만 아니라 인간적인 면에서 교류할
수 있었다.

　마침내는 코리아메디케어가 귀중한 자리를 마련해 주어, 세상
사람들의 삶이 묻어 있는 종에 관한 이야기들을 소개하게 되었다.
소위 문학 - 역사 - 철학文 - 史 - 哲의 인문학에 일가견이 있는 사람도
아닌 의과대학병원에서 핵의학, 갑상선학을 전공하는 임상의사로
서, 세상의 이치와 인간사와 복합적으로 얽힌 종에 관한 이야기를
풀어내는 것이 가능하지는 않을 것이다. 그러나 매일 눈으로 보고
있는 내가 수집한 종에 숨겨져 있는 사연을 하나하나 기록해 보려
한다. 미숙한 글에 대한 해량이 있으시길 빌며, '우리의 삶과 종'
이야기를 시작해 본다.

책머리에 _ 우리의 삶과 종

1. 종소리, 세상을 울리다

적국의 비행기를 녹여 종을 만들다
영국 공군의 '승리의 종'

제2차 세계대전은 인류 역사상 가장 많은 인명과 재산 피해를 남긴 파괴적인 전쟁이었다. 전사한 군인이 약 2,500만 명이고, 민간인 희생자도 약 3천만 명에 달했다. 전쟁 기간 중 일본 제국은 1937년 중국 침략 때 난징 등에서 수십만의 시민을 살해하였다고 추정되고, 나치 독일은 '인종 청소'라는 명분으로 수백만 명 이상의 유대인과 집시를 학살하였다. 미국의 1945년 3월의 도쿄 대공습은 15만 명의 민간인 피해자를 낳았고, 같은 해 8월 6일과 9일에 각각 히로시마와 나가사키에 원자폭탄이 투하되어 약 34만 명이 사망했다. 유럽에서도 연합국의 독일의 드레스덴과 뮌헨 공습으로 각각 20여만 명이 목숨을 잃었다.

제2차 세계대전의 시작은 1939년 9월 1일 새벽 나치 독일군이 폴란드의 서쪽 국경을 침공하고, 소련군이 1939년 9월 17일 폴란드 동쪽 국경을 침공한 것이다. 그러나 1937년 7월 7일 일본의 중국 침략, 1939년 3월 독일군의 프라하 진주 등을 개전으로 보기도 한다.

　2차 세계대전 개전 직후인 1940년 6월 17일 프랑스의 항복을 받은 히틀러는 '영국은 제국 유지가 보장된다면 독일의 유럽 대륙 지배를 인정할 것'이므로 영국과 타협할 수 있으리라 생각했다. 그러나 영국 수상 처칠은 1940년 7월 19일 히틀러의 평화 호소를 일축했다. 이에 히틀러는 군사적으로 영국을 굴복시키는 것 이외에는 다른 방법이 없다는 결론을 내리고 7월 16일 영국 본토 상륙작전인 '바다사자 작전'을 명령함과 동시에 8월 13일 괴링의 지휘로 영국 공군에 대한 공격을 시작하였다. 독일군의 영국 본토 상륙을 저지하기 위해 영국 공군은 독일 공군과 잉글랜드 남부 해안의 제공권을 놓고 필사적으로 격돌했다. 하지만 영국의 연안 레이더망이 훌륭하게 정비되어 있었고 공군도 성능이나 장비, 훈련에서 뛰어났으므로 독일 공군은 목적을 달성할 수 없었다. 그래서 히틀러는 공군 간의 전투에서 런던 등의 도시에 야간 무차별 폭격으로 방침을 바꾸었다.

　1940년 7월부터 10월까지 약 3개월 동안 영국은 1,963대, 독일은 2,550대의 항공기를 이 전투에 투입하였고, 영국은 500여 명의 승무원과 1,500여 대의 항공기를, 독일은 2,500여 명의 승무원과 1,900여 대의 항공기를 잃었다. 이는 인류 역사상 최대 규모의 공중전이었다. 항공기는 언제나 당대 최고의 기술력과 자본이 투입되는 병기였으며, 숙련된 조종사는 막대한 시간과 예산을 들여 키워 낸 그 나라 최고의 인재였다. 1940년 여름부터 수개월 동안에 두 국가는 자신들 최고의 역량을 아낌없이 소모하면서 국가의 운명을 건 승부를 벌였던 것이다. 영국은 이 전투에서 승리하며 독일군의 영국 상륙 계획을 좌절시켰고, 1년 후 미국이 본격적으로 참전할 때까지 시간을 벌 수 있었다. 4년 후의 노르망디 상륙 작전도 이 승리가 없었다면 불가능했을지도 모른다.

영국 전투는 공중전에 있어서만큼은 당시의 모든 지배적인 사고방식과 교리를 완전히 구시대의 것으로 전락시키는 전환점이었다. '폭격기는 어디라도 갈 수 있을 것이다'라는 말로 대표되는 폭격기 중심의 공군 교리는 1920년대를 거쳐 1930년대 초반에 이르기까지 전 세계의 공군 운영에 있어 지극히 당연한 상식이었다. 폭격기는 전투기에 비해 덩치가 크고 느리지만 전투기와는 비교가 되지 않는 거리를 한 번에 날아갔고, 훨씬 강력한 무기를 자유롭게 장착할 수 있었다. 대 편대를 지어 날아가는 폭격기는 적국의 전투기들로부터 스스로를 충분히 방어하면서 적국의 영토를 불바다로 만들어 버릴 승리의 보증 수표라는 이론이었다. 그러나 영국 전투 기간에 호위 전투기를 대동하지 못한 폭격기 편대들이 고성능 전투기에 무력하게 괴멸당하는 상황이 계속되면서 폭격기의 신화는 무참하게 무너져 내렸다.

당시 영국 전투기 조종사들의 필사적인 분투는 경이롭지만, 무엇보다 가장 큰 요인은 영국 공군 전투기사령부의 철저한 전쟁 대비에 있었다. 영국의 전쟁 대비에 결정적인 역할을 한 사람은 공군 대장 휴 다우딩으로 자신의 방공 체계를 현실화시키기 위해 예산을 쥐고 있는 영국 항공협의회와 그의 급진적인 생각

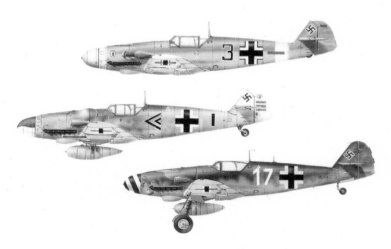

2차 대전 당시의 독일 전투기.

에 공감하지 못하는 동료 공군 장성들을 끈질기게 설득했다. 때로는 서로 심하게 반목하면서 내부의 적을 키우기도 했지만, 다우딩의 노력은 결실을 거두었다. 그는 기적적으로 1940년, 방공체계가 실제로 필요한 시기가 올 때까지 자신이 구상했던 대부분을 확보하였고, 마침내 전투에서 승리를 거두었다. (2014. 6. 동아일보 서평 《제2차 세계 대전 최대의 공중전》, 마이클 코다著, 이동훈譯 2014, 열린책들)

유럽에서의 전쟁은 1945년 4월 30일, 히틀러가 지하 벙커에서 애인과 동반 자살하고, 5월 7일 독일 국회의사당을 방어하던 독일군이 항복하여 독일 3제국이 멸망함으로써 종료되었다. 태평양전쟁은 1945년 8월 일본에 원자폭탄이 투하된 이후 8월 15일 일본 제국이 무조건 항복하였고, 일본은 9월 2일에 공식적으로 항복 문서에 서명하며 끝이 났다. 2차 세계대전이 막바지로 치닫고 있을 무렵인 1945년 2월에는 추축국 중 하나인 이탈리아가 항복하고 독일이 패전할 기미를 보이자 연합국의 지도자들인 미국의 대통령 루스벨트, 소련의 당 서기장 스탈린, 영국의 총리 처칠이 나치 독일을 패배시키고 그 후를 의논하기 위하여 크림 반도의 얄타에 모였다얄타회담 Yalta Conference. 이 회담에서 패전 후 소련·미국·프랑스·영국 4국이 나치 독일을 분할 점령한다는 원칙을 세웠으며, 연합국은 독일인에 대하여 최저 생계를 마련해 주는 것 이외에는 일체의 의무를 지지 않는다고 합의하였다. 또 나치 독일의 군수산업을 폐쇄하거나 몰수하고, 전쟁의 주요 전범들은 독일 뉘른베르크에서 열릴 국제재판에 회부하고, 전후 배상금에 대한 문제를 논의하기 위한 위원회를 구성하였다. 또한 이 회담에서 폴란드에 대해서는 몰로토프 - 리벤트로프 조약에서 규정한 폴란드 동부 영토 대부분을 소련 영토에 병합하고, 폴란드에게는 동독의 일부 지역을 대신 주기로 하였다.

1945년 2월 얄타회담에 참석한 처칠, 루스벨트, 스탈린.

연합국에 전황이 유리하게 전개되어가던 1944년 이후, 영국은 자국의 영토에서 격추된 수 많은 독일 전투기들의 잔해를 수거한 후, 용해시켜 2차 세계대전의 승리를 축하하는 '승리의 종 Victory Bell'을 만들었다. 높이 22cm인 이 종은 비행기 몸체의 성분인 가벼운 알루미늄(두랄루민)으로 만들어졌다. 종의 손잡이에는 승리를 뜻하는 'V(victory)'와, 몸체에는 얄타회담에 참석한 3개 연합국의 지도자였던 처칠, 루스벨트, 스탈린의 얼굴이 양각으로 조각되어 있다. 종은 은색과 금색으로 코팅되었고 종을 제작하였던 공방에 따라 몇 종류의 손잡이 모양이 있으며, 종의 손잡이를 제거하고 받침대를 변형시킨 재떨이도 볼 수 있다. 특히 종의 몸체에는 영국 땅에서 격추된 독일 비행기 잔해로 만들었으며, 영국 공군과 공군 가족들을 후원하는 기금Royal Air Force Benevolent Fund을 위하여 제조되었다는 명문銘文, CAST WITH

RAF Benovelent Victory Bell, 15 x 12cm

항공기 잔해로 만든
종 모양의 재떨이.

METAL FROM GERMAN AIRCRAFT DESTROYED OVER BRITAIN 1939 ~ 1945,
RAF BENEVOLENT FUND이 새겨져 있다. 실제 1948년까지 Victory
종이 주조되고 이것을 판매한 기금은 공군 전상자와 유가족들에
게 지원이 되었다.

　종의 주성분이 알루미늄이어서 종소리는 둔탁한 편이다. 그러
나 종소리에는 계속되던 독일의 공습에 대비하여 방공호로 대
피하라는 경고의 종소리만 들어오다가 마침내 길거리로 나올
수 있었던 런던 시민들이 종전과 전쟁의 승리에 환호하던 눈물
이 함께 묻어 있다. 내가 이 종에 특별히 더 애착을 느끼는 이유
이다.

성모 마리아 모습의 고문 기구
철의 처녀鐵의 處女

철의 처녀鐵의 處女, Iron Maiden, Eiserne Jungfrau는 중세 유럽에서 형벌과 고문에 사용되었고 괴기소설에도 자주 등장해 죄인을 고문하거나 처벌하는 데 사용된 흉악한 도구였다. 주로 쇠로 된 망토를 입은 여성 모양의 금속 주조물이다. 앞쪽을 여닫을 수가 있어 사람을 서 있는 자세로 넣을 수 있다. 내부에는 여러 개의 굵고 뾰족한 쇠창살이 돌출되어 있고, 사람을 가두면 자유롭게 몸을 움직일 수 없는 정도의 크기이다. 쇠를 녹여 만든 모형을 구하기 어려웠던 지역에서는 망토 부분을 나무로 제작하기도 하였으나, 안쪽에서 찔리는 창살은 강한 금속으로 만들었다. 여기에 사람을 가두게 되면, 몸을 전혀 움직일 수 없게 된다. 내부에서 서 있는 상태로 오래 있지 못하는 수형인은 금속 가시에 찔리게 되어 거짓 자백을 하거나, 심한 고통에 사망하게 된다.

이 기구는 원시적인 고딕 형식으로 제작된 성모 마리아의 모습이다. 두 개의 여닫이문이 앞에 설치되어 있어 성인 남성까지 영치를 할 수 있으며 무덤의 석관 정도의 크기이다. 보통의 철의 처녀의 제원은 높이 2.1m, 폭 0.91m.

전형적인 철의 여인. 얼굴은 성모 마리아이나, 내부에 창살이 돌출되어 있다.

이 고문 기구의 기원을 정확하게 알 수는 없으나, 로마의 장군인 레굴루스Marcus Atilius Regulus가 카르타고에서 포로로 처형되는 장면에서 영감을 얻어 제작하였을 것으로 추측한다. 로마 장군

레굴루스는 기원 전 카르타고와의 포에니전쟁에서 카르타고 군에 포로로 잡히자 도망가지 않을 것을 서약한 후에 로마에 카르타고의 휴전 협상 의사를 전하고 오겠다고 한 뒤에 로마로 귀환하였다. 그는 로마에 귀환한 뒤, 원로원에서 오히려 휴전을 거부할 것을 부탁한 후에 다시 카르타고로 돌아가서 고문 끝에 사망하였다고 전해진다. 2 ~ 3세기경 로마의 땅이 된 북부 아프리카 카르타고의 작가인 터털리안Tertullian의 '순교자에게To the Martyrs'와 4세기경 북 아프리카 히포 지방의 신학자 성 아우구스틴St. Augustine of Hippo의 기록에 의하며 카르타고인들은 귀환한 레굴루스를 양쪽의 내부에 뾰족한 창살이 나온 나무통에 가두었다고 기록되어 있다. 한편, 지금도 남아 있는 스파르타의 왕 나비스Nabis가 그의 부인 아페가Apega를 죽인 장면을 묘사한 조각품에도 이 기구가 조각되어 있다고 한다.

학자들은 중세 시절부터 존재하였던 '치욕의 망또'독일어 Schandmantel, 영어mantle of shame와도 연관이 있을 것으로 추측한다. 치욕의 망토는 비슷한 크기의 나무로 제작된 사람 형태이나 내부의 뾰족한 가시나 창살은 없는 기구였고, 범죄자를 가두어 치욕을 느끼게 하는 정도의 형벌을 가했으나, 중세 후기로 가면서 보다 잔인한 도구로 진화되어 철의 처녀가 되었다는 것이다.

유럽의 기록에 의하면 철의 처녀는 1515년 8월 14일 불법으로 동전을 주조하였던 범죄자를 처형하기 위하여 처음 사용되었다고 한다. 중세시대에는 주로 중요한 범죄자의 처벌과, 때때로 마녀 재판 시 마녀임을 자백시키기 위한 고문 기구로 사용되었는데, 18세기 후반기부터는 공포심을 조성하기 위하여 보다 광범위하게 사용됐다. 역사적으로 가장 유명한 '철의 처녀'는 1802년부터 독일의 뉘른베르크Nurnberg 성에서 사용되었고 다른 나라의 방문객에도 공개되었던 것이다. 뉘른베르크의 철의 처녀는 2차 세계대전 중이던 1944년 연합군의 뉘른베르크 공습으로 소실되었다. 그러나 1800년대 이후 뉘른베르크 왕궁의 철의 처녀를 모방한 기구가 유럽으로 전파되었고, 심지어는 1893년 미국 시카고에서 개최된 세계박람회에 이 고문 기구가 전시되어 세계인의 관심을 끌기도 하였다.

현대에는 이런 미개한 고문 도구는 사라졌으나, 이라크의 독재자였던 사담 후세인이 도망을 간 이후, 바그다드 대통령 궁에 있던 그의 아들 우다이 후세인의 방에서 이와 유사하게 제작된 원시 형태의 '철의 처녀'가 발견된 바가 있다. 인간에게 최대한의 공포를 유발하기 위하여 독재자들은 아직도 이 기구를 사용하고 있을지도 모를 일이다.

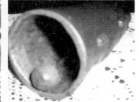

영국에서 제작한 '철의 처녀' 청동 종, 높이 10cm, 직경 4cm. 1900년경.

　이 무시무시한 '철의 여인'을 축소한 모습의 자그마한 청동 종은 19세기 후반에서 20세기 초 유럽에서 제작되었다. 물론 외형은 비슷하게 만들었으나, 실제 철의 여인과는 다르게 통코트 차림의 성모 마리아의 모습을 한 망토 차림의 여성이며 내부에 청동 추가 달려있다.

독일을 통일하려면 독일을 정복해야 한다
독일을 통일한 빌헬름 1세

거의 전 세계를 상대로 전쟁을 두 번이나 일으켜 완전하게 패망함으로써 국토를 빼앗기고 산업 시설은 잿더미가 된 가운데에서 짧은 시간 내에 기적같이 재기한 나라. 강인한 체격의 축구 강국, 자동차 및 중화학, 정밀한 기계 기술력을 바탕으로 다시 유럽 경제의 주역이 된 독일은 경이로운 나라이다. 고대 유럽에서 야만족의 땅으로 불렸고, 중세에도 존재감이 없었던 독일이 이 정도로 부강하고 강한 힘을 지닌 나라가 된 지는 그렇게 오래 되지 않았다. 고대부터 게르만족이 살던 땅 게르마니아는 10세기 중반부터 거의 900년간 신성로마제국의 중심부였고, 신성로마제국의 황제는 오스트리아 합스부르크 왕가가 차지했으므로 항상 오스트리아의 간섭을 받았다. 1806년 나폴레옹과의 전쟁으로 신성로마제국이 망한 이후 많은 작은 나라로 분리되었던 독일을 오늘날과 같은 강력한 연방국의 형태로 처음 통일한 사람은 프로이센(프러시아)의 국왕 빌헬름 1세Kaiser Wilhelm I, 1797~1888이다.

독일 통일 연방국가를 수립한
프로이센 국왕 빌헬름 1세.

1797년 베를린에서 프로이센의 왕 프리드리히 빌헬름 3세의 차남으로 태어난 빌헬름 프리드리히 루드비히는 어린 시절에 왕이 되기 위한 특별 교육보다는 일반적인 교육을 받았다. 17세였던 1814년 프로이센 군대에 입대하여 나폴레옹 1세의 군대와 싸웠다. 그는 워털루 전투와 리니 전투 등에서 블뤼허 장군의 지휘 하에 있었으며 매우 용감한 병사였다. 이후 오랫동안 군대에 근무했던 그는 매우 보수적인데다 얼굴은 무표정했고 태도는 거만했으며 초상화에서 보는 바와 같이 팔자수염을 길게 길렀다. 그러므로 주위 사람들에게 호감을 주지는 못하였으나, 일을 도모함에 있어서 한 번 내린 결론은 중간에 바꾸는 법이 없을 정도로 단호함을 보였다고 한다.

유럽의 1848년 혁명으로 프랑스에서 나폴레옹이 몰락하고 공화정이 성립하자, 독일의 지식인들과 평민들도 혁명을 일으켰다. 빌헬름의 형이자 당시의 국왕이었던 프리드리히 빌헬름 4세도 처음에는 혁명주의자들의 자유주의 요구를 수용하였고, 앞으로는 프로이센이 독일의 통일과 자유의 중심이 될 것이라고 말하기도 했다. 독일 국민의회는 작은 나라들이 느슨한 연방을 이루는 소독일주의와 입헌군주제라는 온건한 헌법을 채택하였고, 의회는 대표단을 베를린으로 파견하여 프로이센 왕에게 황제의 칭호와 헌법을 바쳤다. 그러나 프리드리히 빌헬름 4세는 이 경우 권력을 잃게 될 것을 알았기에 이를 거부하였다. 그는 표면적으로는 독일국의 여러 왕들이 선택해 준 것이라면 좋지만, 혁명가들이 주는 황제관은 원하지 않는다고 하였다. 왕이 약속을 파기하자 사람들은 분노했고 각지에서 시민군이 봉기하였다. 하지만 강력한 프로이센 군대를 비롯한 각국의 군대에 의하여 1년 내에 시민 봉기는 진압되었다. 이때 빌헬름은 그의 형인 국왕을 노리던 반군과 군중을 향하여 무자비한 포도탄葡萄彈 대포를 발포하였기에 '포도탄 왕자'라는 잔인하고 불명예스러운 별명을 얻기도 하였다. 이때 국민 의회에 참가했던 교수들 대부분이 전향하여 국가주의와 애국심을 강조하고 나섰다. 이 상황을 지켜본 빌헬름은 '독일을 통일하려면 독일을 정복해야만 한다. 통일은 말로 되는 것이 아니다'라고 하였다. 결국 빈 회의에서 유럽을 혁명 전으로 되돌리자고 결정되었고, 국경선을 전쟁 이전으로 되돌리고 정치 체제도 절대주의 왕정으로 되돌렸다.

그는 뇌졸중과 정신병을 앓았던 형 프리드리히 빌헬름 4세를 대신하여 1857년부터 대리청정을 하다가, 1861년 형이 사망하자 빌헬름 1세 국왕이 되었다. 왕이 되자 프로이센을 일등 국가로 만들기로 결심하고, 부국강병을 최우선으로 주창하였다. 그의 주변에는 우수한 부하들이 많았는데, 철혈재상 비스마르크를 수상으로, 몰트케를 참모총장으로 등용하였고 대포왕 크루프를 초빙하여 거대한 후방 장착식 대포를 개발하는 등 군비를 획기적으로 증강시켜 독일의 통일을 준비하였다. 비스마르크는 1862년 의회에서 "독일은 프로이센에 자유주의가 아니라 힘을 기대하고 있다. 시대의 요청은 언론과 다수결이 아닌 철과 피로 해결된다."는 유명한 연설을 하여 철혈재상의 별명을 얻었다. 빌헬름 1세의 무한한 신임을 등에 업은 비스마르크는 내외 정치에 수완을 보이며 더욱 군비를 증강하였다. 프로이센은 1864년 프로이센 - 덴마크 전쟁, 1866년 프로이센 - 오스트리아 전쟁에서 승리하였고, 느슨한 독일연방을 해산시킨 후 북독일 연방을 건설하였다. 그리고 1870년 프로이센 - 프랑스(보불) 전쟁에서 나폴레옹 3세를 굴복시켰고, 1871년 마침내 파리의 베르사유 궁전에서 프로이센을 주축으로 한 독일 제국의 첫 황제로 추대되며, 통일된 독일제국을 이룩하였다. 이때 독일제국의 황제가 된 빌헬름 1세는 "이 황제관은 국민이 주는 것이 아니라 바이에른의 루트비히 2세가 요청했기 때문에 받는다."고 호령을 하였다.

빌헬름 1세를 도와 통일 독일제국을 건설한 철혈제상 비스마르크와 참모총장 몰트케.

위 : 빌헬름 1세 탁상종 잉크스탠드.
아래 : 윗면의 왕관 손잡이를 돌리면 따르릉 하는 종소리가 난다.

독일인들은 국토를 통일하고 강대국 독일 건설의 기반을 마련한 빌헬름 1세 왕에 대한 존경심과 자부심이 대단하다. 그들은 빌헬름 1세의 두상 조각으로 장식한 생활용품을 만들어 일상생활에도 황제를 가까이 둔 것 같다. 이 종은 빌헬름 1세의 두상이 조각된 것으로 무쇠로 만든 커다란 잉크스탠드 탁상종(무게 4.6kg, 길이 40cm, 높이 22.5cm, 전후 직경 25cm)이다. 금속 뚜껑이 달린 두 개의 크리스털 잉크병이 좌우에 올려져있고, 앞부분에는 펜이나 사무용품을 보관하는 공간이 있다. 두상의 앞부분에 있는 작은 왕관 조각품을 좌우로 돌리면 아래쪽에 설치된 종을 치게 되어 "따르릉" 자전거 종소리가 난다. 이 잉크스탠드를 나에게 판매한 베를린의 치과의사가 전해준 메모에는 1900년경 독일 베를린의 아드론Adlon호텔에서 사용된 것이라고 기록되어 있었다. 이 호텔을 검색해 보니 브란덴부르크 문 근처의 베를린 중심부에 위치한 전설적인 5성급 호텔이었다. 100여 년 전 베를린 최고급 호텔의 접수부에 설치되어 있었으니 호텔 방문객들이 서비스를 요청할 때마다 빌헬름 1세의 위엄에 찬 얼굴에 존경심을 표하였을 것이다.

또한 독일제국은 그가 사망한 이후 라인 강변의 코블렌츠에는 말을 타고 군대를 호령하는 웅장한 카이저 빌헬름 1세 기마조각상을 설치하였고, 1891년부터 4년간에 걸쳐 베를린 최대 번화가인 쿠담 거리에 네오로마네스크 양식의 카이저 빌헬름 기념 교회Kaiser Wilhelm Gedachtniskirche를 건축하여 그를 기리고 있다. 이 교회는 2차 세계대전 중 영국의 포격으로 서쪽 탑이 무너졌으나 베를린 시민들은 독일이 일으킨 부끄러운 일을 기억하고 전쟁에 대한 경각심을 유지하기 위하여 부서진 교회 건물을 그대로 영구보전하고 있다.

베를린의 카이저 빌헬름 기념 교회.

카이저 빌헬름 1세의 기마상.

　빌헬름 1세는 계몽 군주를 자처하며 국력을 증강하여 19세기 유럽에서 가장 강력한 통일 독일제국을 만들었으나, 그가 이룩한 독일 제국의 영화는 그리 길지 않았다. 1888년 빌헬름 1세가 죽은 후에 성공에 취해 있던 그의 손자 독일 황제 빌헬름 2세는 독일을 제1차 세계대전의 수렁에 빠지게 했고 제국은 불과 3대만에 와해되었다. 1차 세계대전 후 프로이센 왕국은 독일의 프로이센 주로 남게 되었다. 그가 황제에 즉위한 지 150여 년이 지난 지금, 한 시대를 풍미하였던 빌헬름 1세는 대한민국 어느 연구실의 탁상에 놓인 잉크스탠드 위에서 고고하게 서서 부리부리한 눈을 굴리고 있다. 그 주위에는 적막만이 감돌고 있다.

프랑스의 대포를 녹여 독일의 자부심으로
쾰른 성당의 '황제의 종'

　　'황제의 종' 이라고 불리는 이 종은 독일 쾰른 대성
당에 있었던 거대한 '독일 황제의 종Kaiser glocke' 을 작게 복제한
은도금 황동 종(높이 13.5cm, 지름 8.5cm, 무게 304gm)이다.
1890년 독일의 장인 헨쉰이 만들었고, 당시 귀족과 군인, 그리고
공적을 세운 국민들에게 배포되었다. 손잡이에는 독일제국의 문
장紋章인 독수리 머리 장식과 기독교 성인聖人들의 두상이 조각
되었고, 몸체에는 꽃무늬 장식에 독일어로 황제와 독일 국민을
찬양하는 문구가 양각되어 있다. 그 내용은 "나는 황제의 종으로
서, 황제의 명예를 찬양하고, 그의 거룩한 말씀을 지지하며, 독
일 국민과 신께서 그들에게 준 평화와 가호를 위해 기도합니다.

하나님의 은총을 받아 1890년 5월 20일 헨쉔 제작The Kaiser's Bell I am called, The Kaiser's Honor I praise, On Holy Ground I stand, I pray for the German People. That Peace and Protection God will Give Them. 1890. 5. 20. Hanschen" 이다.

국경을 마주한 프랑스와 독일 두 나라는 유사 이래 수많은 전쟁을 치렀다. 오랫동안 프랑스의 위세에 눌려왔던 독일은 1870년의 보불전쟁에서 전쟁이 개시된 지 2개월 만에 프랑스의 나폴레옹 3세의 항복을 받았고, 1년 뒤에는 적국의 수도 파리 베르사유 궁전에서 빌헬름 1세의 황제 대관식을 거행하였다. 이 종의 원형인 황제의 종은 프랑스를 정복한 프로이센의 자부심이 충만한 상태에서 주조하여 쾰른 대성당에 설치되었으나, 불과 수십 년이 지나기도 전에 프랑스와의 또 다른 전쟁을 위하여 파손된 특별한 사연을 지니고 있다.

종은 전 세계 대부분의 나라에 분포하고 있으나, 각각 문명의 차이와 국민의 생활 방식에 따라서 종에 관한 문화도 많은 차이가 있다. 그러므로 특정한 종을 둘러싼 전설도 많고, 종소리에는 자연 재해를 이길 수 있는 특별한 힘이 있다고 믿는 부족들도 많다. 고대부터 종을 예배용으로 사용하기 전에 반드시 신에게 헌정하는 과정을 거쳤으며, 동아시아에서는 종의 여운이 영적으로 중요하다고 생각했다. 아시아 동부와 남부의 종교의식에서는 종이 죄를 정화하는 효과가 있다는 믿음에서 널리 사용하여 왔고, 중국인들은 자신의 영혼과의 직접적인 소통을 위하여 스스로 종을 울렸다고 한다. 여러 민족들은 신과 대화하거나, 또한 신의 말씀을 사람들에게 전하는 경우에 신의 높은 권위를 빌리려고 거대한 종을 제작하였다.

서양의 종은 기독교와 밀접한 관계가 있다. 초기 기독교 시대부터 예배 시 신도를 모을 때 종을 울렸고, 특히 313년 로마의 콘스탄티누스대제가 기독교를 승인한 이후에 이탈리아의 성당에서는 늘 큰 종소리가 울려 퍼졌다. 수도원에서는 종소리가 수도자의 하루 일과를 통제하는 역할을 하였다. 종소리는 아침이나 저녁 예배 시간이 도래하였거나, 특별한 종교 제례가 있다는 것을 알리기 위해 울렸다. 자연스럽게 종소리는 도시를 지배하게 되었고 어느 지역에 기쁘거나 슬픈 소식, 중요한 뉴스가 있을 때

이를 알리기 위하여 울렸다. 특히 로마 가톨릭교에서는 종이 천국과 하느님의 목소리를 상징한다고 보았고, 러시아 정교에서는 종을 흔들면 직접 신에게 말을 걸 수 있다고 생각했다.

주로 주술이나 종교에 이용되던 종은 14세기 후반, 르네상스 운동이 시작된 이후 인간의 삶에 보다 깊숙하게 퍼져나갔다. 신이나 초자연적인 영혼과의 소통뿐만 아니라, 종소리는 일상생활에서 사람과 사람과의 의도를 서로 알려주거나, 위급한 상황에서 도움을 청하기 위한 목적으로 사용되기 시작한 것이다.

종은 또한 애국의 상징과 전쟁을 승리한 기념물로서 중요한 역할을 하였다. 전쟁에서 승리하면 전리품인 대포를 녹여 종을 주조하여 종탑에 올리거나, 작은 종으로 승리의 기념품을 만들었다. 또한 국가나 마을을 정복한 침략자들은 국민들의 정신을 무력화시키고 생생한 저항의 상징물을 없애기 위하여 마을의 종을 떼어서 그들의 나라로 옮기거나 빨리 파괴하여 총칼이나 대포와 같은 무기를 만들었다. 1812년 일시적으로 모스크바로 진주하였던 나폴레옹 1세는 러시아 국민들의 사랑을 받고 있던 서양에서 가장 큰 종인 모스크바 광장의 '차르(러시아 황제) 종'을 러시아를 정복한 상징으로 파리로 옮기려 하였으나, 무게가 너무 무거워 이동에 실패하였다고 한다. 승리한 나라의 국민들은 종소리가 울릴 때마다 축배를 들었을 것이고, 신에 대한 감사의 마음과 국가에 대한 충성심은 더욱 고취되었을 것이다. 그러나 정복을 당한 나라의 국민은 성당의 종탑에서 제거된 종이 적군의 대포로 만들어지는 것을 보고 말로 못할 좌절감을 느꼈을 것이다.

퀼른 대성당.

라인 강변에 위치한 독일 쾰른 대성당은 그 자체가 보석이라고 알려진 세계에서 가장 큰 고딕 양식의 성당이자 쾰른 교구의 주교좌로서 독일 가톨릭 정신의 산실이다. 쾰른 성당은 13세기에 착공되어 19세기인 1880년이 되어서야 완공되었는데, 특히 신성로마제국 시절 이탈리아 원정을 통해 가져온 동방박사 3인의 유골을 담은 황금함이 안치되어 있다. 지금도 매일 수만 명의 관광객이 방문하는 관광지이자 유네스코에 등재된 문화 유적지이기도 하다.

쾰른 성당의 성 베드로의 종.

성당이 완공된 1880년 10월 16일에는 통일 독일 황제 빌헬름 1세가 공식 대표로 참석하여 독일 제국 건국을 공표하였고, 성대한 완공식이 거행되었다. 개신교 신자인 황제에 의하여 로마 가톨릭 쾰른 대성당에서 개신교 신자의 예배가 집행되었으니 그가 국가와 종교의 수장으로 강력한 힘을 가진 것이 증명되었다. 당시 쾰른 대주교는 다른 나라에 망명 중이었다고 한다.

쾰른 대성당에는 11개의 큰 종이 종탑에 설치되어 있고, 1차 세계대전이 끝난 후인 1922년에 주조된 '성 베드로의 종'은 자유롭게 움직이며 소리를 내는 진자 운동 방식의 종 중에서 세상에서 가장 큰 종(24톤)으로 알려져 있다. 대성당에 처음 설치된 종은 1418년에 주조되어 사용되다가 1880년에 다시 주조되어 안치된 무게 3.8톤인 '동방박사의 종Dreikonigsglocke' 이고, 1448년에 주조된 두 개의 종인 프레티오사와 스페시오사도 오늘 날까지 잘 보전되어 있다. 성당의 건축 공사가 완공되어가던 19세기에는 건물의 위용에 맞게 더 많은 종이 설치되어야 한다는 요구가 있었다. 이에 1870년의 보불전쟁에서 승리하고 통일 독일을 건설한 빌헬름 1세는 프랑스 군에게 노획한 22문의 대형 청동대포를 1872년 5월 11일부터 이 성당의 외부에 전시하고 있었는데, 이것을 녹여 대형 종을 주조함으로써 강대국 독일 건설의 표상으로 삼고자 하였다. 종을 주조하는 장인이었던 안드레아스 함Andreas Hamm은 1873년 8월 19일 이 대포들을 녹인 27,000kg의 청동으로 종을 주조하였으나 종소리가 균등하지 못하였기에, 1873년 11월 13일 또 다른 종을 만들었다. 그러나 종의 주조 경비를 부담하기로 한 쾰른 성당 건립위원회는 프랑스의 대포를 녹여 만든 두 개의 종 모두가 만족스럽지 못하다며 인수를 거부하였다. 결국 1874년 10월에 또 다시 프랑스 대포를 녹여 큰 종을 주조하였고, 1875년 5월 13일에 쾰른 대성당에 설치하였다, 이 종은 보불전쟁을 승리로 이끈 독일 황제 빌헬름 1세에게 헌정

위 : 1871년 베르사유 궁전에서 독일제국을 선포하고 황제 즉위식을 갖는 빌헬름 1세, 왼쪽은 황태자, 흰 옷이 비스마르크, 바로 오른 쪽이 몰트케.
아래 : 녹여져서 쾰른 대성당의 종으로 탈바꿈한 보불전쟁 당시의 프랑스 대포.

되었기에 '황제의 종Kaiser glocke'으로 불려졌다.

그러나 막강한 독일제국의 상징이자 프랑스에게는 굴욕을 주었던 황제의 종은 1차 세계대전이 막바지이던 1918년 땅으로 내려져서 용해되었고, 군수물품 부족에 허덕이던 독일군의 대포와 포탄으로 만들어져서 프랑스 전선으로 다시 보내졌다. 지금은 위엄을 자랑하던 쾰른 대성당의 황제의 종은 흔적도 남기지 않고 사라졌고, 1890년 보불 전쟁의 승리를 기념하고 대성당의 완공을 축하하기 위해 제작된 소형 '탁상용 황제의 종'만 남겨져서 옛 독일제국의 영광을 전해주고 있다.

전쟁의 부산물이 예술로 부활하다
1차 세계대전 참호전투

        2014년 7월28일은 오스트리아 - 헝가리 제국이 세르비아에 선전포고를 하면서 1차 대전이 발발한 지 100주년이 되는 날이다. 1914년 6월 28일 사라예보에서 19세 청년 가브릴로 프린치프가 오스트리아 - 헝가리 제국의 왕위 후계자 프란츠 페르디난트 대공 부부를 암살하자, 1개월 뒤 오스트리아가 세르비아를 전격적으로 침공하여 1차 세계대전이 발발하였다. 전쟁이 시작될 때까지만 하여도 이 전쟁은 국지전으로서 크리스마스 이전에 모든 분쟁이 끝날 것이라 생각했다. 오스트리아 황태자 암살 사건은 대부분의 유럽 국가들과 직접적인 이해관계가 없었으나, 강대국들은 기존의 동맹조약과 복수감정이 얽히면서 전쟁에 끌려들어가게 된다. 이 전쟁은 두 개의 대치되는 거대한 동맹들의 강대국을 끌어당겼는데, 하나는 영국, 프랑스, 러시아 제국의 삼국 협상 기반의 나라와 러시아와 슬라브 민족국가 간의 연합국이고 다른 하나는 독일과 오스트리아 - 헝가리 제국이 속한 동맹국이다. 이탈리아 왕국은 독일, 오스트리아 - 헝가리 제국과 삼국동맹에 가입되어 있었지만 동맹국으로 전쟁에 참여하지는 않았고 나중에는 오히려 연합국으로 참전하였다. 이러한 국가들 간의 복잡한 동맹관계는 점점 더 많은 국가가 전쟁에 참여하도록 압력을 가하며 확장되었다. 결국 일본, 미국이 연합국에 가입했으며 오스만 제국, 불가리아 왕국은 동맹국에 가담함으로써 6천만 명의 유럽인을 포함한 전 세계의 7천만 명의 군인이 전쟁에 참전하여 역사적으로 가장 큰 전쟁 중의 하나인 '거대한 전쟁 Great War' 이 되었다. 4년 4개월이나 지속된 전쟁에서는 사망자가 1500만 명이 넘었는데, 군인만도 900만 명 이상이 사망했다. 독일군은 전사 170만 명, 러시아 군 전사 170만 명, 프랑스군 140만 명 전사, 영국군 90만 명 전사 등의 순이었고, 수없이 많은 전상자가 발생하였다.

전쟁은 7월 28일, 오스트리아 - 헝가리 제국이 세르비아를 침공하면서 시작되었다. 이에 슬라브 민족국가의 맹주 러시아가 동원령을 내린다. 이에 대응하여 독일군은 중립국인 룩셈부르크와 벨기에를 침공하며 프랑스로 진격했고, 영국은 독일에게 선전포고를 하게 된다. 1914년 늦여름 유럽 각국이 전쟁에 뛰어들면서 수백만 명이 집회를 열고 전쟁 선포를 환영하였다. 모두 조국을 수호하겠다는 애국심과 승리에 대한 자신감이 넘쳤다. 개전 초기 독일은 러시아와 상대하기 전에 먼저 프랑스를 치는 '슐리펜 계획'에 따라 병력을 이동시켰다. 그러나 독일군은 파리에 가까워지면서 보급난을 겪고 더구나 러시아와의 동부전선에도 대비하기 위하여 2개 군단 병력을 이동하게 되어 전투 병력도 충분치 않았다. 결국 독일군이 파리 인근의 마른 강 유역 전투에서 프랑스와 영국군의 강력한 저항에 부딪히면서 패배한 이후 4년간에 걸친 악몽 같은 '참호전trench

1916년 베르됭 전투의 프랑스군, 사진 위키피디아.

warfare'이 이어진다.

　기관총이 새로 등장한 이 전쟁에서 연합군은 그전까지 가장 표준적인 전술이었던 나폴레옹시절의 '돌격 앞으로' 전술을 쓰다가 막대한 희생을 치렀다. 기관총의 위력으로 방어하는 진영이 유리해지자, 연합군과 독일군은 프랑스와 독일 사이의 '서부전선'에 구덩이를 파고 그 속에서 공격해오는 적을 막는 데 주력하게 된다. 10월에는 독일군이 벨기에의 항구 도시 앤트워프를 점령하지만, 독일군도 엄청난 손실을 입었다. 약 36,000명의 학도 예비군이 투입되었으나 온전하게 살아남은 자는 6,000명에 불과했으며 그 중 한 명이 히틀러였다. 이후 서부전선에는 1914년 12월에는 스위스에서 영국 해협까지 거의 1,000㎞에 달하는 철통같은 참호 방어선이 구축되었고 전쟁은 인적, 물적 자원을 동원한 소모전 양상으로 흘렀다. 진지는 시간이 흐를수록 철조망과 콘크리트로 점점 단단해졌고, 병기들의 엄청난 파괴력 때문에 기동전이 불가능해지고 그에 따라 전선은 고정되었다. 참호전을 중심으로 뚜렷한 승리나 패배가 없는 상황이 지속되는 가운데 사상자 숫자만 엄청나게 증가하였다. 프랑스군은 1915년 2~3월 샹파뉴에서 폭 1.5km도 되지 않는 지역을 탈환하느라 24만 명 이상의 병력을 잃었다. 프랑스 동북부 알자스로렌 지방의 베르됭 계곡의 전투에서는 프랑스와 독일군이 야산 한 개를 점령하려고 1916년 10개월간 싸워 양측에서 100만 명의 사상자가 발생했다. 이어진 솜 강 전투, 아라스 전투에서도 지겨운 참호전이 계속되었고, 막대한 인적 피해가 발생하였다. 1차 대전에서는 기관총, 곡사포, 전투기, 잠수함, 탱크 등의 무기가 처음 도입되었고, 독일군은 참호전에서 승리하기 위하여 독가스를 사용한 잔인한 전쟁이었다.

1차 대전에서 전사한 프랑스의 Herve Jacoby를 추모하는 글이 새겨진 탁상종.
투구를 눌러 '땡' 소리가 날 때마다 Herve를 그리워했을 것 같다. 1918년 프랑스 제작.

동부 전선에서는 러시아군이 오스트리아 - 헝가리 제국 내로 진격하는데 성공했지만, 동프로이센 침공은 독일군의 반격으로 실패하게 된다. 1914년 11월에는 오스만 제국, 1915년 이탈리아와 불가리아, 1916년 루마니아 왕국이 참전하여 전선이 확대되어갔다. 1917년 독일의 잠수함 공격으로 여객선이 피습되자 미국이 독일에 선전포고를 하였고, 이후 연합국은 반격에 들어갔다. 1918년 들어서 연합국은 서부 전선에서 독일군의 공세를 성공적으로 방어한 이후 독일군의 참호를 점령하기 시작하였고, 결국 동맹국의 군대가 차례대로 투항했다. 불가리아, 오스만 제국 그리고 1918년 11월 4일 오스트리아 순으로 항복했다. 오스트리아가 항복하던 날, 독일의 킬Kiel 군항에서는 오래 지속된 전쟁과 낮은 처우에 항의한 독일 해군 수병들의 폭동이 일어나고, 바로 독일 각지에서 노동자들이 연이어 파업을 하며 군경과 충돌하자 독일황제는 퇴위하고 네덜란드로 망명했다. 독일은 11월 혁명으로 군주제에서 공화정으로 전환되었다. 마침내 1918년 11월 11일 연합국과 휴전을 맺고 항복함으로써 1차 세계대전은 끝이 났다. 전쟁 이후 독일 제국, 오스트리아 - 헝가리 제국, 러시아 제국, 오스만 제국 등 4개 주요 제국은 해체되었고 많은 영토와 국민을 잃었다. 러시아는 공산 국가가 되었고, 발칸반도와 중동 지방에서 많은 신생 독립국들이 생겨났다.

1919년 6월. 승전국이 된 프랑스는 베르사유 궁전에서 독일에 200억 마르크를 요구하는 베르사유 강화조약을 맺었다. 앞서 1871년 보불전쟁에서 승리한 프로이센 왕 빌헬름 1세가 프랑스 나폴레옹 3세에게 굴욕적인 항복을 받아내던 바로 그 자리였다.

미국은 전쟁 이후 세계 최강국으로 떠올랐고, 윌슨 대통령의 '민족자결주의'는 제3세계 약소국들의 독립운동을 촉진하였다.

참호 속에서 비는 무서운 적이었다. 프랑스 북부의 플랑드르 전선에는 비도 잦았지만 지표면이 바다보다 낮아서 땅을 파기만 하면 물이 솟아올랐다. 이 지역을 맡은 영국군에게 가장 큰 적은 물과 진흙이었다. 참호는 늘 진흙탕으로 발목까지 빠졌고, 더 깊이 빠지는 경우도 많았다. 병사들은 때로는 허리와 겨드랑이까지 차오르는 차가운 물속에서 며칠씩 계속 근무를 서야 했다. 1914년 10월 25일부터 이듬해 3월 10일 사이에 비가 오지 않은 날은 18일뿐이었다. 이 가운데 11일은 기온이 영하로 내려갔다. 1916년 3월에 내린 비는 35년 만에 최고 수준이었다. 전쟁 중 작성된 대대 보고서에는 진흙탕으로 인한 고통을 언급하는 내용이 가득하다. 때로 병사들은 수렁에 빠지지 않기 위해 체중을 골고루 분산시키려고 길게 누워야만 했다. 1916년 솜 전선의 참호에서 한 대대는 진흙 속에서의 탈진과 익사로 16명의 병사를 잃었다. 포탄이 터진 자리에 생긴 구멍도 위험했는데, 전투 중 부상으로 정신이 혼미해진 병사에게 물이 찬 포탄 구멍은 죽음의 구덩이였다. 소총이 진흙에 빠지면 작동이 안 됐기에 병사들은 사격을 위해 총에 오줌을 갈겼다고 한다. 1917년 프랑스의 병사들은 돌격 명령을 받은 후, 양떼처럼 '매에에에~' 소리를 내며 전진하는 저항을 했다. 도살장에 끌려가는 양처럼 그들을 죽음으로 몰아넣는 정치인, 지휘관들에 대한 애처로운 저항이었다. 잦은 비로 물이 흥건하게 고이는 참호 안에서 생활하는 병사들은 추운 날씨에도 장시간 발이 물에 젖어 있는 채로 돌아다녀야 했다. 발이 마를 새가 없는데다가 꽉 끼는 군화를 신고 있었으므로 참호족trench foot이라는 질병을 앓았다. 특히 참호 진지가 독일군보다 낮은 쪽에 위치했던 연합군 쪽 병사들이 더 많이 고통을 받았다. 물이 들어찬 참호에 발이 오랫동안 잠기게 되면 모세혈관이 수축하므로 피부에 붉은 홍반과 청색증이 나타나며 점차 감각이 없어진다. 더 진행되면 연조직이 괴사되고 부패되어 발에

참호족(trench foot)은 물기가 가득한 추운 참호에 노출된 발에 수포가 생기고 서서히 발이 썩어가고 감염이 병발하여 다리를 절단하거나 사망에 이르는 병이다. 사진 위키피디아.

1차 세계대전 참호 전투에 사용되었던 독일의 105mm,
75mm 대포 탄환을 가공하여 만든 황동 구리 종.
1914년에서 1917년, 베르됭 프랑스.

서 썩는 냄새가 난다. 물집과 상처가 생기기도 하는데 여기에 진
균류가 감염되어 궤양을 일으킨다. 치료를 하지 않으면 다리가
썩게되므로 절단 수술을 하거나 목숨을 잃을 수 있다. 1차 세계
대전 중, 무려 10만 명의 병사가 참호족으로 목숨을 잃었다.

전쟁은 역사를 바꾸고, 예술과 유행을 창조한다. 이 전쟁 중에
여성용 생리대가 처음 사용되었고, 이후 여성들의 사회 진출이
쉬워졌다고 한다. 참호 전투에서 난무한 포탄과 총알들은 수거
되어 장식품, 꽃병, 식기, 탁상종 등으로 재탄생되었는데 이런
물품들을 '참호 예술trench art' 이라 하며, 수집가들에게 인기가

있다. 오늘날 남성들이 즐겨 입는 트렌치코트trench coat는 겨울 참호 속의 혹독한 날씨로부터 영국 군인과 연합군을 지켜주기 위해 만들어진 옷이었다. 트렌치코트는 우수한 통기성·내구성·방수성으로 기능성이 뛰어나고, 가슴 쪽의 비바람을 차단하기 위한 조각이 달린 나폴레옹 칼라, 허리 벨트, 바람이나 추위를 막을 수 있게 만들어진 손목의 조임으로 이루어져 있으며, 뒷부분에 주름이 잡혀 헐렁한 옷이다. 1914년 제1차 세계대전 기간 중 토머스 버버리가 영국 육군성의 요청을 받고 레인코트로 이 코트를 개발하였다는 연유로 일명 '바바리Burberry 코트'라고도 한다. 영화 〈애수〉에서 로버트 테일러Robert Taylor가 바바리를 입고,

연인 비비언 리와 비가 내리는 워털루 브릿지에서 포옹하는 명장면을 기억할 것이다. 20세기 중반 이후 바바리 코트는 남성들의 로망이 되었고, 당연히 토머스 버버리는 부자가 되었다.

영화 〈애수〉의 한 장면. 1차 세계대전 중 버버리가 디자인한 영국군의 참호 전투용 우의를 트렌치코트라 한다.

풍성한 드레스로 멋을 낸 부르주아 귀부인
파라솔을 든 부인 La Dama del Paraigua

　　1492년 이베리아 반도의 기독교 왕국들은 마지막 이슬람왕국이었던 그라나다를 멸망시키며 750년간 스페인을 지배하던 이슬람을 완전히 아프리카로 몰아냈다. 같은 해 기독교 왕국인 카스티야 왕국과 아라곤 왕국이 연합하여 스페인 왕국을 세웠고, 스페인의 이사벨라 여왕은 이탈리아의 항해가 콜럼버스의 아메리카 탐험을 지원하였다. 이후 스페인은 아메리카 대륙에 광범위한 식민지를 개척하여, 금은보화를 빼앗아 왔다. 16세기부터 스페인은 축적된 막대한 부를 바탕으로 문화와 건축이 발전하고 문학과 철학이 융성하였으며, 대외적으로는 프랑스, 잉글랜드, 스웨덴과 전쟁을 벌이며, 유럽 각국의 정치에 관여하는 강력한 제국이 되었다. 그러나 17세기 중반부터는 잦은 전쟁으로 인하여 국고가 바닥나고, 특히 18세기 초의 왕위계승 전쟁으로 국내 상태가 혼란해지며 강대국의 지위를 상실하게 된다. 18세기 부르봉 왕조가 들어와서 행정 개혁을 실행하며 다시 국가를 부흥시키고자 하였으나 큰 성과를 거두지 못한 가운데 왕당파와 국민파의 내부 갈등이 극심해졌다. 스페인은 19세기 초 나폴레옹 전쟁에서 프랑스에 대패하였고 1821년 멕시코의 독립을 기점으로 아메리카 대륙의 식민지들이 연이어 독립함으로써 국력이 더욱 쇠퇴하였다. 마침내 1898년 미국과의 전쟁에서 패하며 쿠바, 필리핀을 뺏기고 과거의 명성을 뒤로한 채 초라한 20세기를 맞이하게 된다.

부르봉 왕조의 마지막 시기였던 1888년 인구 45만이던 스페인 제2의 도시 바르셀로나에 만국박람회(엑스포)가 개최되었다. 바르셀로나 만국박람회는 1888년 4월 8일에서 12월 9일까지 8개월 동안 22개국이 참가한 가운데 시우타델라 공원Parque de la Ciudaleta에서 개최되었고, 이 기간 중 224만 명의 방문객이 바르셀로나를 찾았다. 쇠퇴한 중세도시였던 바르셀로나에는 엑스포를 통하여 많은 예술품이 설치되고 고딕양식의 건물들이 축조되었다. 바르셀로나 시는 만국박람회 개최를 위해 개선문Arc de

Triomf을 세워 도시의 새로운 정문을 만들고, 아메리카를 처음 발견한 콜럼버스의 대형 기념탑을 건축하는 등 도심을 재 단장하였다. 바르셀로나 박람회에서는 도시 방어를 담당하던 요새를 시우타델라 공원으로 만들어 박람회 주 전시 공간으로 사용했는데, 이 공원 내에 동물원과 자연사 박물관 등의 공공 문화 시설도 지어졌다. 시내에는 박물관과 전시장 외에도 호텔과 식당들이 지어졌고, 현재 바르셀로나 시에서 가장 명소인 람블라 거리 La Rambla도 이때 지금의 형태를 갖추었다. 이렇게 만국박람회를 위하여 정비된 공간은 115곳에 이르는데, 이를 계기로 바르셀로나는 비로소 근대적인 유럽 도시로 탈바꿈하게 되었다.

좌 : 1888 바르셀로나 만국박람회 공식 포스터.
우 : 박람회를 기념하기 위하여 람블라스 거리에 세운 '콜롬버스의 탑'.

바르셀로나 박람회 개최에 즈음하여 주 전시장이었던 시우타델라 공원 내의 동물원에는 아름다운 분수대가 설치되었다. 폰체레J. Fontsere가 설계한 분수대 위에는 솔레J. Roig i Sole, 1835 ~ 1918가 조각한 '파라솔을 든 부인La Dama del Paraigua'이라 명명된 대리석 조각이 위치하고 있다. 솔레는 남부 바르셀로나 출신이며 그 당시 이미 바르셀로나 거리, 아파트, 교회, 극장, 공원 등에 많은 천사나 기독교 성인 작품을 조각하였던 유명 예술가였다. 파라솔을 든 부인은 당시 유행하던 풍성한 드레스로 멋을 낸 전형적인 귀부인이 우산을 펼치며 고개를 살짝 든 모습이다. 이러한 복장은 그 당시에 살았던 도스토옙스키, 톨스토이, 발자크의 소설에 묘사된 귀부인들의 모습과도 일치한다.

　　이 아름다운 조각상은 당시로서는 획기적인 모습인 평상복 차림의 귀부인을 조각한 것으로서, 한 시대를 대표할 수 있는 예술품이라 할 수 있다. 이 동상 이전에는 유럽의 인물 조각품이나 동상은 모두 로만 로브ROMAN ROBES라는 로마시대의 옷을 입은 모습으로 제작되었는데, 이 조각품에서 처음으로 그 개념에서 탈피한 것이다.

　　로마시대 원로원의 귀족들이 입던 헐렁한 옷차림에서 창이 넓은 모자를 쓰고, 마음껏 자태를 뽐내는 드레스 차림의 근대 귀부인의 모습을 한 동상이 건립되었으니, 미술사적으로나 문화사적으로 매우 특별한 의미를 지닌다.

　그녀는 탄생한 지 100년이 넘은 지금도 분수대에서 뿜어져 나오는 시원한 물을 우산으로 막으며 우아한 자태를 뽐내고 있다. 비가 적은 카탈로니아 지방 바르셀로나 시민들은 그들이 사랑하는 사우타델라 공원의 부인에게서 가뭄이 오래 지속되지 않기를 기원하고 있을 지도 모르겠다. 파라솔을 든 부인은 작은 청동 종으로도 복제되었는데, 영국에서 구입한 이 청동 종은 높이 16cm, 직경 7cm의 크기이다.

　파라솔(우산이나 양산)은 기원전 1200년 이집트에서도 사용된 기록이 있다. 고대에서는 양산은 하늘을 받치는 신성한 물건이라 여겼고, 양산을 쓰는 일은 곧 하늘로부터 권력을 물려받았다는 표시였으므로 왕의 행차나 종교 행사에는 반드시 양산이 펼쳤다. 그러나 이에 반해 그리스와 로마에서는 비를 피하기 위해 우산을 쓰는 것은 남성의 '나약함'을 상징한다고 하여 우산 대신 모자를 쓰거나 마차를 탔다. 이처럼 비를 피하려는 행동은 남성다움에 어긋난다는 선입견으로 인해 남성들은 여성과 동행할 경우에만 우산을 이용했다. 반면에 여성들에게 우산은 비를 막아주는 도구이자 액세서리였고, 지위와 부의 상징물이기도 했다. 여성의 전유물로 여겨졌던 우산의 고정관념을 깨기 위해 박물학자 헨웨이는 1750년부터 무려 30년 동안 비가 오지 않더라

위 : 우아한 19세기 외출복 차림의 시우타델라 공원 '파라솔을 든 부인' 분수대 조각상.
아래 좌측 : 작은 청동 종으로 만들어진 '파라솔을 든 부인' 20세기 중반 제작, 영국.
아래 우측 : Roman robes 차림의 아폴로 대리석상, 2세기 로마, 바티칸 박물관 소장.

클로드 모네의 〈파라솔을 든 여인〉
1875. 모델은 부인인 카미유와 아들 장.

도 외출할 때면 항상 우산을 갖고 다녀 사람들에게서 동성애자 homo라는 놀림과 비난을 받았다고 한다. 심지어는 우산의 대중화가 이루어진다면, 자신들의 생계에 치명적인 영향을 미칠 것을 두려워한 마부들은 구정물 세례를 퍼부었다. 그러나 헨웨이는 우직하게 그 굴욕감을 잘 참았고, 차츰 사람들은 우산의 필요성을 인식하게 되었다. 그 결과 '나약함'의 상징이었던 우산은 영국 신사들의 애용품이 되었고 19세기부터는 일반화되어 남성들도 우산을 쓰기 시작하였다고 한다.

파라솔이 일상에 널리 이용된 후에는, 근대 회화에도 파라솔을 든 모습들이 자주 등장하게 되었는데, 구스타브 까이오보트의 〈비 오는 파리 거리〉(1877년), 르누아르의 〈우산〉(1883) 등은 잘 알려진 작품이다. 특히 프랑스의 대표적인 인상파 화가 클로드 모네는 파라솔을 든 여인에 관한 여러 시리즈의 그림들을 남겼다.

2. 종소리, 세상을 바꾸다

퐁파두르 후작부인 / 마리 앙투아네트 / 에머린 팽크허스트 / 사라 바세트 / 산티아고의
순례길 / 패트릭 성인과 레프러콘의 나라 아일랜드

미모와 지성을 겸비한 능력 있는 여성
폿파두르 후작부인

　　혼히 '마담 퐁파두르퐁파두르 부인: Madame de
Pompadour'라 부르는 퐁파두르 후작부인 잔느 앙투아네트 푸아
송Jeanne-Antoinette Poisson, Marquise de Pompadour, 1721~1764은 프랑스
의 왕 루이 15세의 정부情婦로서 43세에 생을 마감할 때까지 20
여 년간 왕의 사랑을 독차지했던 미모와 학식, 예술적 재능을 두
루 겸비한 능력 있는 여성이었다.

　그녀는 1721년 파리의 부유한 금융업자였던 투르넴의 딸로 태
어났다. 잔느 푸아송은 평민 신분에 속했었지만, 부르주아 계층
이었던 어머니의 애인 덕분에 귀족층의 자녀들이 받던 교육을
받을 수 있었다. 그녀는 모든 분야에서 성적이 매우 우수했으며,

교육 덕분에 어릴 때부터 예술을 사랑하였다. 젊은 시절부터 많은 연극의 대사를 암송할 수 있었고 클라비코드를 수준급으로 연주할 수 있었으며, 식물학에도 조예가 깊었다. 또한 그림도 자주 그렸고 보석 디자인을 하기도 했으며, 유머 감각도 뛰어나 인기가 있었다고 한다. 1741년에 그녀는 사촌인 샤를 기욤 르 노르망 데티올과 결혼하여 잔느 앙투아네트 데티올로 이름을 바꾸고, 딸 알렉상드린을 낳았으나 딸은 10세의 어린 나이에 죽었다. 1744년에는 가끔 수렵을 하러오던 루이 15세에게 의도적으로 접근하고, 그녀의 미모에 반한 왕의 눈에 띄어 내연 관계를 맺게

마담 퐁파두르. 1756년 뮌헨 Alte Pinakothek 소장. 18세기 바로크 시대에 유행했던 퐁타주형 헤어스타일은 머리를 틀어 크리스마스트리 모양으로 높이 올리는 것이 유행이었는데, 그림에는 머리카락을 뒤로 빗어 넘겨 우아하고 깔끔한 헤어스타일이다. 이것은 퐁파두르 부인이 유행시킨 것이다.

되었다. 그녀에게는 후작 부인의 칭호가 주어져 귀족으로 신분이 격상되었으며, 남편과 이혼하여 1745년 9월 정식으로 왕의 정부로서 인정되어 왕궁에 살게 되었다.

　프랑스 국왕의 공식 애첩이 된 퐁파두르 후작 부인은 죽을 때까지 20년 동안 루이 15세를 매혹시키고 왕에게 절대적인 영향력을 행사했다. 당시 연적이라 할 수 있는 왕비 마리아의 측근들조차도 "퐁파두르 후작 부인은 내가 세상에서 본 가장 아름다운 여인 중의 하나"라고 말할 정도로 외모가 뛰어났고, 사려 깊은 마음씨와 풍부한 학식과 교양은 왕의 총애를 받는 요인이 되었다. 어떤 대화 주제가 주어지더라도 왕과 충분하게 대화를 할 교양 수준이었으며 대화가 시들해지면 피아노를 치며 직접 노래를 부르기도 하고, 개인 극장을 만들어 자신이 직접 감독한 공연을 열기도 하였다.

　그녀는 여색에 빠진 방탕한 왕을 대신하여 정치에도 참견하게 되었는데, 마지막 15년간은 막대한 권세를 누리게 된다. 퐁파두르 부인의 추천을 받아 1758년 외무대신이 된 슈아절은 국방대신의 직위도 겸하였고, 10년에 걸쳐 사실상 재상의 역할을 할 정도였다. 그 당시 퐁파두르 부인은 프랑스의 정치에서 숨은 그림자와 같은 실력자였으며, 그녀 스스로도 "나의 시대가 왔다"는 유명한 말을 남겼다. 그녀는 새로이 성장하던 프로이센을 견제하기 위하여 평소 앙숙이던 오스트리아와 손을 잡으며, 오스트리아의 마리아 테레지아와 러시아의 옐리자베타 여제와 함께 반反프로이센 포위망을 구축하였다. 그러나 후일 프랑스 - 오스트리아 - 러시아는 영국과 프러시아 동맹과의 7년 전쟁에서 패하여 프랑스는 북미대륙의 식민지를 영국에 잃는 등 큰 손실을 입는다. 한편으로 이 외교혁명으로 오스트리아 공주였던 마리 앙투아네트와 프랑스의 루이 16세가 정략 결혼하는 계기가 되었다.

풍파두르 후작부인은 아름다운 외모에, 매우 지성적이었고, 예술 전반에 걸쳐 높은 안목을 가지고 있었다. 계몽철학에도 지대한 관심을 가져 디드로와 달랑베르가 공동으로 편찬한 《백과사전》의 발간을 지원하였으며, 로코코 양식의 확립과 프랑스의 예술 문화 발전에 많은 기여를 하였다. 학예 보호에 힘쓴 그녀의 살롱에는 볼테르와 몽테스키외 등의 계몽주의 사상가들이 자주 드나들었다. 그녀의 다양한 예술적 취미는 프랑스의 문예를 진흥시키는 데 큰 힘이 되었으니, 극장이나 소극장의 건립은 물론 당대의 예술가들도 풍파두르 후작 부인의 후원을 받았다. 그녀는 가구나 도자기, 그릇, 의상, 보석, 그림, 책 등 많은 수집품을 모았는데, 그녀가 갑작스럽게 죽은 뒤 그녀의 유품을 정리하는 데 1년이나 걸렸을 정도였다고 한다. '우아한 부인은 당대의 모든 미술에 영향을 미쳤다'는 당시의 기록에서 알 수 있듯이, 그녀의 활발한 수집열은 후일 프랑스의 유산이 된 미술품을 생산하게 하였다. 이처럼 퐁파두르 후작부인의 입김이 여러 곳에 미치자 자연스레 그녀의 취향은 당시 유행의 기준으로 통용되었다. 퐁파두르 후작부인의 시대는 프랑스를 중심으로 우아한 로코코 양식이 최고로 발달하던 시대가 되었다. 하지만 오랜 세월에 걸친 사치스런 생활과 국가 재정 낭비는 훗날 프랑스 혁명을 유발한 원인 중의 하나라는 평가가 있다. 그녀는 문화 예술에 돈을 많이 쓰고, 여러 곳에 저택과 성곽을 건설하였는데 현재 프랑스 대통령 관저로 사용되고 있는 엘리제궁전도 그녀의 저택 중의 하나였다.

마리 앙투아네트가 퐁파두르 부인에게 증정하였다는 화려한 필기구 세트.

말년의 마담 퐁파두르.
1763 ～ 4년.
런던 국립박물관 소장.

퐁파두르 후작 부인은 베르사유 궁전 안에 녹원을 조성하고는
그곳에 전국 각지에서 데려온 젊고 아름다운 미녀들을 모아놓고
루이 15세에게 고르게 하여 매일 대령했다고 한다. 퐁파두르 부
인은 두 번의 유산을 하였는데, 30살을 넘었을 무렵부터 루이 15
세와는 더 이상 같은 침실을 쓰지 않고 스스로 왕에게 미녀를 바
치는 뚜쟁이 역할만을 했다고 한다. 그녀는 냉증이 심해서 뒷물
을 자주 하였는데, 의학적으로는 왕이 지니고 있던 성병에 감염
된 것으로 추측하기도 한다. 그녀를 위하여 비데가 새로 고안되
어 사용되었는데, 지금과 같은 분수식이 아니라 뒷물용 대야에

청결 소독제와 향수를 넣어서 사용한 것이었다. 그러므로 그녀는 비데의 창시자 중 한 명이기도 하다. 어느 악평가는 그녀가 죽은 후에 쓸 묘비 문구를 다음과 같이 적어 놓았다고 한다. "20년은 처녀로, 15년은 창녀로, 7년간은 '뚜쟁이'였던 여인. 여기에 잠들다." 퐁파두르 부인은 변비와 기침으로 고생하다가 43살에 폐결핵으로 죽었다. 《명화와 의학의 만남》문국진 지음, 예담, 2004)

퐁파두르 후작 부인이 죽은 1764년 4월 15일은 비가 내리는 날이었다. 루이 15세는 그녀가 정식 부인이 아니어서 장례식에는 참석할 수 없게 되자 비가 오는 날씨에도 외투와 모자도 쓰지 않은 채로 "후작 부인이 떠나기엔 좋지 않은 날씨군"이라며 눈물을 흘렸으며, 퐁파두르 부인이 죽은 뒤에도 루이 15세는 그녀를 계속 그리워했다고 전해진다. 그러나 그녀가 생전에 친구에게 쓴 편지에는 "나는 그를 사랑했다. 19년이라는 긴 세월 동안 진심으로 그를 사랑했다. 그의 옆에 있기 위해서라면 무슨 일이든 못할 게 없었다. 그러나 그가 왕이 아니었다면 나는 그를 절대로 사랑하지 않았을 것이다."라고 적었다고 한다.

퐁파두르 부인은 예술과 프랑스의 자존심을 고양한 인물이라고 평가되고 있으나, 한편으로는 역사를 움직인 역대 왕의 정부 가운데 가장 뛰어난 인물이라고도 한다. 유럽인들에게 관심의

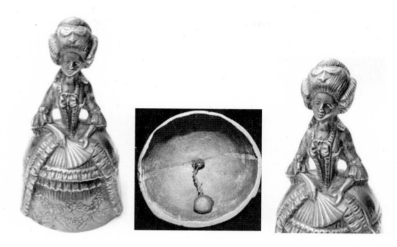

'마담 퐁파두르', 황동, 1900년대 초중반 유럽에서 제작됨. 높이 16cm.

대상이던 퐁파두르 부인은 황동 종으로도 제작이 되었는데, 여기에 소개하는 퐁파두르 부인종Madame Pompadour Bell은 위로 빗어 올린 헤어스타일에 오른 손에는 부채를 들고 있는 다소 침울해 보이는 인상이다. 1900년경 벨기에와 네덜란드에서 주로 주조되었고, 벨기에의 부르즈 지방을 여행하였던 관광객들에게는 기념품으로 인기가 있었다. 3인치, 5인치, 6인치의 다양한 크기로 만들어졌다.

프랑스 혁명으로 참혹하게 꺾인 왕비
마리 앙투아네트

　　　〈베르사유의 장미〉라는 일본 만화로 우리에게 친숙한 마리 앙투아네트는 프랑스 왕 루이 16세의 부인이었다. 그녀에게는 사치하며, 난잡한 파티를 여는 적국 출신의 왕비, 국민들에게 과도한 세금을 부과하고 그들의 아픔을 이해하지 못한 언행으로 프랑스 혁명을 유발하였고 국외로 탈출하려다 실패하여 단두대에서 처단된 비운의 왕비의 이미지가 박혀있다.

　마리 앙투아네트는 1755년 11월 2일, 오스트리아 빈에서 신성로마 제국의 황제이자 토스카나 대공인 프란츠 1세와 합스부르크 왕가의 상속녀이며 헝가리와 보헤미아의 여왕인 오스트리아 제국의 여제 마리아 테레지아 사이에서 막내로 태어났다. 자유분방하게 성장한 그녀는 모국어인 독일어 외에도 프랑스와 이탈리아어 등의 외국어와 음악과 댄스 등을 배웠으며 하프 연주에 소질을 보였다. 그러나 유독 프랑스어가 유창하지 않아, 후일 프랑스의 왕비로 생활하는 동안 주변의 따가운 시선을 받았다는데, 그녀에게 곱지 않은 프랑스인들의 시선이 그녀에 대한 편견을 만들었다고 믿어진다.

당시 오스트리아는 신흥 강국 프로이센의 위협을 받고 있었는데, 그녀의 어머니 마리아 테레지아는 전통적으로 적대국이었던 프랑스와의 동맹을 강화하려고 노력하였다. 프랑스도 강력해진 이웃 프로이센을 견제하기 위해 평소 앙숙이었던 오스트리아와의 협력이 필요했다. 프랑스 왕 루이 15세의 공식 애첩으로서 국사에 큰 영향을 행사하던 퐁파두르 후작 부인이 나서서 오스트리아와 외교동맹을 맺고 공주 마리와 루이 15세의 손자인 루이 오귀스트의 정략결혼을 추진하였다. 1770년 5월 16일, 마리는 14살에 베르사유 궁전에서 루이와 결혼식을 치러 프랑스의 마담 마리 앙투아네트가 되었다. 그들 부부는 결혼한 후 7년 동안 자녀가 없었으나 이후 네 명의 자녀를 두었다. 1774년, 루이 15세가 서거하고 남편이 즉위하여 루이 16세가 되자 마리는 프랑스의 왕비가 되었다.

좌 : 마리 앙투아네트와 딸 마리 테
레즈와 아들 루이 샤를.
우 : 남편 루이 16세.

　마리는 왕비가 되고나서는 크고 작은 구설수에 올랐으므로 프
랑스 국민들로부터 비난을 받기 시작하였다. 특히 왕으로부터
베르사유의 프티 트리아농 궁전을 선물 받아 그녀가 평소 동경
하던 전원적인 분위기로 개조하였을 따름이었으나 국민들에게
는 막대한 돈을 들여 호화별장으로 개축하였다는 소문이 났다.
또한 프랑스 왕실과의 출생적 이질감에서 오는 외로움을 달래기
위하여 사교를 즐겼고, 파티나 가면무도회를 자주 열어 사치하
며 국고를 낭비한다는 비난을 받았다. 당시 왕족과 귀족들은 화
려한 로코코 문화에 몰두하여, 대부분 무절제한 사치를 했으므

로 프랑스 왕실 국고가 휘청할 만큼 돈을 많이 썼다고 한다. 그녀가 왕비로 있었을 때 국고가 파산지경이 된 것은 사실이나, 그것은 그녀의 사치보다는 선대의 향락과 미국 독립전쟁 지원 때문이었다고 한다. 사실 그전의 다른 왕비들과 비교하면 그녀가 쓴 돈이 많은 것이 아니었고, 왕과 왕비 부부가 쓴 돈은 왕실 예산의 10%에 불과했다. 곱고 흰 피부와 퐁파두르 스타일의 머리, 늘씬한 체형이었던 그녀는 의복에 관심이 많았고 프랑스 패션을 주도하고 유행을 선도했다. 당시 프랑스 왕실은 왕비가 옷을 갈아입는 것과 화장하는 모습까지도 공개했던 탓에 베르사유 궁전에는 왕비를 구경하려는 사람들로 매일 장사진을 이루었고, 이미 적국 오스트리아 출신의 왕비로 곱지 못한 시선을 받던 그녀에 대한 소문은 더욱 나쁘게 퍼져나갔다. 그녀에게는 '적자赤字 부인', '오스트리아의 암캐'라고 불릴 정도로 여론이 악화되었다.

1785년에는 '다이아몬드 목걸이 사건'이 발생하며 그녀에 대한 민중의 불신은 더 커져갔다. 목걸이 사건은 앙투아네트를 팔아먹은 사기극이었다. 라 모트 백작 부인이 파리 추기경 로앙을 속여 2,800캐럿의 다이아몬드 목걸이를 가로 챈 사건이었다. 라 모트 백작 부인은 신앙생활은 뒷전인 채 왕비의 환심을 사 총리가 되려는 로앙의 욕망을 파악하고, 그에게 왕비를 대신해 목걸이를 사달라고 요청한다. "왕비가 왕 몰래 목걸이를 사고 싶어

하니 비밀에 부쳐 달라"는 거짓말을 한 것이다. 추기경은 그 말을 듣고 160만 리브르짜리 목걸이를 왕비 대신 구입키로 한다. 로앙이 보석상으로부터 목걸이를 넘겨받자, 백작 부인이 왕비에게 전하겠다며 가져간 후 목걸이를 해체해 팔아 큰돈을 챙긴다. 사건의 전모는 약속한 지급일이 지났는데도 돈을 받지 못한 보석상이 왕비를 찾아가 그간의 과정을 설명하여 밝혀지게 된다. 왕비는 크게 분노했고 추기경을 파리고등법원에 고소했다. 하지만 궁지에 몰리게 된 것은 그녀 자신이었다. 이 사건이 법정에 오르면서, 사람들은 소문으로 떠돌던 앙투아네트의 사치를 사실로 받아들인 것이다. 백작부인은 태형을 받고 추방되었으나,

로앙에게 무죄가 선고되면서 왕비는 더욱 곤경에 처한다. 재판이 1년을 끌면서 소문은 증폭됐고, 그녀는 이 사건의 피해자였는데도, 국민은 그녀가 사건을 주도

목걸이 사건 당시의 그림을 바탕으로 복원한 '다이아몬드 목걸이'.
마리는 오히려 피해자였으나, 혁명군은 여론을 조작하여 프랑스 혁명의 도화선으로 만들었다.

했다고 생각하고 그녀를 증오했다.

이러한 와중에, 궁정 내에서는 마리 앙투아네트와 스웨덴 귀족 페르센 백작과의 염문이 확산되었고, 소문은 점점 퍼져나갔다. 더구나 그녀는 시민들에게 '빵이 없으면 케이크를 먹으라고 하라'는 말은 한 적이 없으나, 혁명군들은 선동을 위해 고의적으로 이 말을 퍼뜨렸고 여러 유언비어가 복합적으로 민중들의 증오를 가중시켰다.

심성이 착했으나 우유부단했던 루이 16세는 프랑스 개혁을 시도하려 했으나 귀족들에게 과세를 하지 못했고 입헌군주제도 받아들이지 못했다. 결국 1789년 7월 14일, 혁명군에 의해 프랑스 혁명이 발발했고, 마리 앙투아네트의 비호를 받던 귀족들은 망명해 버린다. 국왕 일가도 망명을 하려다 혁명군에게 잡혀서 베르사유에서 파리의 튈르리 궁전으로 옮겨져서 갇혔고, 혁명군의 감시를 받게 된다(바렌느 사건). 루이 16세는 불명예를 두려워하여 프랑스에 머물고자 했으나 마리 앙트와네트는 모국 오스트리아로의 망명을 계획했다. 그녀는 오스트리아 대사를 통해 비밀 편지로 본국과 연락을 취했고 페르센 백작의 도움을 얻어 위조 여권을 손에 넣었다. 마침내 1791년 6월 20일 대형 마차에 식량과 술, 옷을 가득 싣고 남편과 아이들, 시녀와 미용사까지 동반

하여 몰래 파리를 빠져나왔다. 그러나 이미 소문이 난데다 짐이 많아 진행 속도가 느렸으므로 혁명군들에게 잡혔고 결국 국왕 가족은 파리로 끌려오게 되었다. 국왕의 권위는 실추되었고, 친국왕파 세력으로부터도 호감을 잃었다. 공화파가 전면에 등장하며 루이 16세가 반혁명 측이라는 인식을 퍼뜨렸다.

1792년 프랑스 혁명전쟁이 발발하였고, 마리 앙투아네트가 적군에게 프랑스군의 작전을 몰래 알려주고 있다는 소문이 퍼졌기에, 파리 시민과 의용군은 국왕 일가를 탕플 탑에 유폐시킨다. 8월 26일에 프랑스 영토 롱위가 프로이센군에 함락되고, 파리 침공에 대한 위기감이 높아지자 의용병을 모집했으나, '감옥에 수감되어 있는 반혁명주의자들이 의용군이 출병한 후 파리에 남은 가족들을 학살할 것'이라는 소문이 떠돌기 시작했다. 곧 반혁명파에 대한 사냥이 시작되었고, 파리 코뮌의 감시위원회는 모든 포로를 인민의 이름으로 재판할 것을 명령했다. 혁명 의용군이 편성되어 "반혁명의 음모에 당하기 전에 먼저 처단하자!"고 선동하였고, 민중에 의한 감옥의 습격이 시작되었다. 습격당한 감옥에서 많은 죄수들은 끌려 나와 약식 재판 후 학살되었다. 마리 앙투아네트와 운명을 함께하기 위해 귀국하여 체포된 랑발르 공작 부인도 비참하게 죽었고, 마리 앙투아네트는 절망하였다.

1793년 1월 21일, 혁명 재판은 루이 16세에게도 사형 판결을 내려 단두대로 참수형에 처했고, 아들 루이 샤를도 어머니에게서 강제로 떼어졌다. 그해 8월 1일에 마리 앙투아네트는 콩세르쥬리 감옥으로 이감된 뒤 10월 초에 공개 재판을 받았지만, 결과는 이미 정해져 있었다. 민족주의에 물든 혁명기의 민중에게 마리 앙투아네트는 단지 오스트리아 여자였고 반역자였다. 1793년 10월 15일, 그녀는 혁명 재판으로부터 사형 판결을 받았으며, 다음날 콩코드 광장에서 남편의 뒤를 따라 단두대에서 참수 당했다. 합스부르크 왕가 출신인 그녀는 반혁명의 혐의로 3일간 심문을 받는 내내 의연하고 담대한 모습을 보였으며, 형장의 이슬로 사라지는 순간에도 품위를 잃지 않았다. 혁명 직전, 마리 앙투아네트는 편지에 "불행 속에서야 겨우 인간은 자기가 누구인가를

처형장으로 끌려가는 마리 앙투아네트. 1794년 William Hamilton.
(프랑스 혁명박물관)

알 수 있습니다."라고 썼다고 한다.

프랑스 혁명 당시에는 마리 앙투아네트에 대한 평가가 매우 부정적이었으나, 최근 그녀에 대한 평판의 대부분은 과장된 것으로 밝혀지고 있다. 왕정 시대 프랑스 왕비로서는 특별히 부적절한 행동이 없었다는 평가와, 당시 왕비들은 거의 정치에 참여하지 않았기 때문에 정치적 능력을 이유로 그녀를 폄하하는 것역시 지나치다고 한다. 1793년 로베스 피에르의 '공포정치'가 시작되면서 혁명광장에 설치된 단두대에는 피비린내가 가시지 않았으며, 프랑스 혁명에서 가장 참혹하게 꺾인 인물은 그녀였다. 혁명 세력은 그녀를 성적 스캔들의 주인공으로 만들었으며 남성 공화주의자들은 왕비의 부정한 사례를 들어 여성의 정치 참여를 도덕적 타락으로 몰고 갔다. 당시 오스트리아와 프랑스는 앙숙 관계였고, 두 국가 간의 전쟁으로 프랑스 국민들은 많은 가족들을 잃었으므로 오스트리아에 적대감을 가지고 있었다. 그 두 나라의 화해와 동맹을 위해 앙투아네트는 프랑스로 왔지만 역사의 소용돌이에 휘말려 프랑스 혁명의 원인이라는 죄를 뒤집어썼다는 것이다.

마리 앙투아네트는 유럽에서 다양한 형태의 테이블 종으로 복

마리 앙투아네트 황동 종, 1900년 전후, 영국 14cm x 7.5 cm.
마리 앙투아네트 은 종, 1977년 Gorham사 제작. 높이 18cm.

제되었다. 나는 이 종들을 흔들 때마다, 마치 그녀가 내 앞에 나
타나 자신의 억울했던 사정을 이야기할 것 같은 상상을 한다. 여
기에 두 개의 대표적인 종을 소개한다. 1977년 영국의 고햄
Gorham 은제품 회사는 '역사를 바꾼 여성 6명' 을 은도금 종으로
만들었는데, 많은 사람들은 '마리 앙투아네트가 인류에게 도움
이 되는 어떤 위대한 일을 했는가?' 하며 여기에 대하여 의문을
제기한다. 아마, 그녀의 부정적인 이미지로 인하여 세상을 바꾼
프랑스 혁명의 도화선이 되었다고 판단한 것 같다. 그래서 청동
종 속의 그녀의 표정은 이렇게 침울한가 보다.

그녀는 투표권을 가질 것이다
에머린 팽크허스트

후드 망토를 입은 엄숙한 표정의 높이 12cm의 상반신 인물 종. 나는 이 종을 처음 보았을 때 두꺼운 청동으로 주조된 못생기고 조금은 기괴하게 생긴 이 인물에서 할리우드 영화 E.T.Extra-Terrestrial를 떠올렸다. 그러나 이 영화가 개봉된 1984년보다 훨씬 오래 전에 영국에서 만들어 진 종이니, 그는 E·T는 아니다. '어느 서양 소설 속에 나타난 어떤 무시무시한 인물이거나, 서양 동화에 등장하는 난쟁이 영감이나 마녀는 아닐까?'라고 생각하였다. 비슷한 시기에 만들어졌던, 양면에 두 여성의 얼굴을 조각한 도자기 종도 있다. 놀랍게도 이 사람은 평생을 여성의 참정권 운동에 헌신하였던 영국의 정치 활동가 에머

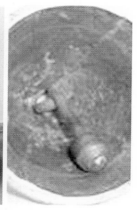

에머린 팽크허스트 상반신 청동 종,
'참여권종Suffrage'이라 불림.
높이 12cm, 1930년, 영국.

린 팽크허스트Emmeline Pankhurst, 1858 ~ 1928란 여성이다. 도자기
종에는 앞면에는 웃는 표정의 에머린 팽크허스트의 얼굴이 뒷면
에 동료로서 이상을 같이 실현하고자 하였던 그녀의 딸 크리스
타벨의 얼굴이 조각되어 있다. 이렇게 추하고 무엇인가에 불만
족스러워 양쪽 입술을 아래로 내린 도도하고 건방진 모습으로

청동 종에 남겨진 그녀가 궁금하지 않을 수 없다. 그의 일생을 알아보는 과정은 흥미로웠고, 그녀의 삶은 한마디로 존경스러웠다.

필자보다 한 세기 전에 태어나서 69세에 세상을 떠나기 전까지 시대를 앞서가며 여성의 존엄성과 사회 공동체에서 누려야 할 권리를 찾아주고자 노력하였던 초췌한 이 영국 여인의 모습에는 거룩함이 들어있다. 그녀는 1912년 연설에서 "우리들 여성 참정권 운동가들은 막대한 임무를 갖고 있다. 아마도 이 세상에서 가장 중대한 임무일 것이다. 바로 인류의 절반을 해방시키는 일인 것이다"라고 하였다. 이 종에 표현된 얼굴은 청동 종을 만든 장인이 말하고자 하였던 위대한 인류에 대한 존경심과 함께 남성 위주의 독점적 사회구조의 종말을 알린 그녀의 족적에 대한 미움과 질시가 함께 담겨 있는 것은 아닌가? 하는 생각이 든다.

여성을 선거에 참여시키는 법적 권리인 여성 참정권女性參政權, woman suffrage이 실행된 지는 불과 한 세기 남짓하다. 고대 그리스와 로마 공화정 하에서 여성들은 투표에 참여하지 못했으며 18세기 말 유럽에 나타났던 민주정에서도 마찬가지였다. 근대 민주정치의 발전에 따라 선거권과 피선거권의 범위는 점차 확대되어 왔다. 그러나 여성은 남성에 비해 지적 능력이 떨어지고,

노년의 에머린 팽크허스트, 1920년대.

에머린과 딸 크리스타벨 팽크허스트 양면 도자기 종.
모자에는 '여성 투표권'이, 종의 몸체에는 '그녀는 투표권을 가질 것이다'가
새겨져 있다.

또한 가정을 지키는 것이 여성의 본분이며 여성의 이익은 남성
에 의해 대변될 수 있다는 편견으로 인하여 여성이 정치에 참여
할 권리는 인정되지 못하였다. 본격적인 여성 참정권 운동은 프
랑스 혁명 당시에 시작되었는데, 당시의 사상가와 여성들은 '여
성을 단두대(길로틴)에 보낼 수 있다면, 여성에게 투표에 참여할

수 있는 권리도 주어야 한다'라고 하였다. 이후 오랫동안 여성의 참정권을 쟁취하기 위한 운동이 펼쳐졌으나, 여성에게 투표에 참여할 완전한 권리는 주어지지 못하였다. 세계적으로는 영국의 자치령이었던 뉴질랜드에서 1893년 처음으로 여성에게도 투표할 수 있는 참정권을 주었으나 피선거권은 주어지지 않았다. 오스트레일리아는 1902년 모든 성인 여성에게 투표권을 부여하였다. 유럽에서 여성 참정권을 도입한 첫 나라는 핀란드로서, 1906년 여성에게 선거권과 피선거권을 모두 부여하였고 여성 의원도 처음으로 선출되었다.

제1차 세계대전은 여성 참정권이 확산되는 중요한 전기가 된다. 유럽의 남자들이 전쟁터에 나가 있는 동안 여성들이 산업 생산을 담당하게 되었고, 여성은 중요한 산업 인력으로 성장하게 되어서 사회적 발언권도 강화되었다. 그 결과로 1차 세계대전 이후에는 많은 나라에서 여성에게 선거권이 주어졌다. 제1차 대전 이전에도 노르웨이와 덴마크에서는 여성의 참정권이 주어졌으나 전쟁 이후 캐나다와 러시아, 독일, 폴란드로 확대되었다. 영국에서는 1918년에 처음으로 30세 이상의 여성에게만 참정권이 주어졌고, 이후 네덜란드(1919), 미국(1920), 영국(1928)에서 여성에게 완전한 참정권이 주어졌다. 유럽에서 여성에게 피선거권이 주어진 것은 대체적으로 1930 ~ 1940년대였다. 제2차 세계대전 후에는 프랑스, 이탈리아, 유고슬라비아, 중국에서도 여성의 선거권이 인정되었고, 이후 10년 동안 세계적으로 100개국 이상에서 여성들의 선거권이 인정되었다. 이는 제2차 세계대전 후 독립한 거의 모든 국가에서 헌법의 규정을 통해 남성과 여성에게 동등한 선거권을 부여했기 때문이다. 그러나 보수적인 아랍 국가들에서는 아직도 여성의 선거권이 인정되지 않고 있다. 우리나라는 독립 후 처음으로 시행된 1948년 총선에서 여성에게 참정권이 주어졌고, 65년이 경과한 2012년 대선에서는 마침내 첫 여성 대통령이 탄생하였다.

완전한 여성의 참정권이 확보되기까지에는, 미국과 영국을 중심으로 선거권을 쟁취하기 위한 여성들의 강력하고 눈물겨운 투쟁이 있었다. 미국은 건국 초부터 여성들에게는 선거권이 주어지지 않았으며, 여성 선

1911년 감옥의 에머린 팽크허스트.

거권 쟁취 투쟁은 노예제 반대 운동이 있던 19세기 초에 시작되었다. 19세기 중반부터 독자적으로 활동하던 맹렬한 여성운동 지도자였던 루시 스톤, 스탠턴과 수잔 앤서니 등은 1890년에 서로 연대하여 전미 여성선거권협회를 출범시켜 이후 30년 동안 공동 투쟁을 하였다. 그들의 활동에 힘입어 1918년 몇 개의 주에서 여성 참정권을 인정하기 시작하였고, 1920년 마침내 헌법이 개정되어 미국 여성들은 남성들과 동등하게 선거권을 행사할 수 있게 된 것이다.

영국의 여성 참정권 운동은 더욱 오래되었고, 그 진행도 강렬하였다. 18세기 말 여권 운동가 메리 울스턴크래프트는 최초로 여성 선거권을 주장했고, 1840년대의 차티스트 운동에서도 여성의 선거권을 요구하였다. 이후 자유주의 지식인들이 이 운동에 동참하였고, 1867년에는 존 스튜어트 밀이 1,550명의 서명을 첨부한 여성 선거권 단체의 청원서를 의회에 제출했다. 1870년대에 영국의 주요 도시에 여성 참여권 운동 단체가 설립되어 300만 명의 서명으로 여성 참정권 청원서를 의회에 제출했다. 그러나 수년간 의회에 상정된 선거법안은 정치지도자들이 여성운동에 대한 빅토리아 여왕의 강력한 반대에 대처하지 못했기에 모두 폐기되었다. 여성은 부분적으로 시의회 선거권을 인정받았으나, 영국 국회의원 선거권은 여전히 여성에게 인정되지 않았다.

1897년에 여러 여성단체가 전국 여성 선거권 운동 단체 연합으로 통합되면서 상당한 응집력과 조직력을 갖추게 되었다. 그러나 정부의 반응이 없는 것에 좌절을 느낀 여성 선거권 운동의 일부 세력은 에머린 팽크허스트와 그녀의 딸 크리스타벨의 지도하에 전투적이고 공격적인 투쟁을 시작했다. 이들의 강렬한 활동으로 인하여, 여성 선거권 운동가들을 지지하는 대중의 시위와 행진이 이어지게 된다.

에머린 팽크허스트는 맨체스터에서 출생하였고 프랑스 에꼴 노르말에서 수학하였다. 1878년 영국 최초의 여성 참정권 법안

1914년 런던에서 여성 참정권 시위 도중 경찰에 연행되는 에머린 팽크허스트.

및 기혼 여성 재산법안을 기안했던 24년 연상의 리차드 팽크허스트와 결혼하며 인간의 존엄성에 눈을 뜨게 된다. 그녀는 여성 참정권 연맹을 창설하고 본격적으로 여권 운동에 뛰어들었고, 1894년 처음으로 지방 공직자 선거에서 기혼 여성의 참정권을 확보하였다. 1903년 남편이 사망하자 두 딸인 크리스타벨, 실비아와 같이 여성사회정치동맹WSPU 결성에 참여했는데, 이 단체는 자기들의 주장을 달성하기 위해 매우 과격한 행동을 하는 여성 단체로 악명이 높게 된다. 1905년 10월 크리스타벨은 여성 참정권을 인정하지 않던 자유당 회합을 방해하고 경찰에 폭력을 휘두르다 옥살이를 하였다. 어머니 에머린도 1908년 의회를 침입하며 경찰에게 폭력을 행사하여 체포되었는데, 모녀는 당시의 영국 법을 이용하여 두 사람이 교대로 수감되면서 항의 시위와 함께 시민들을 대상으로 모금 운동을 벌였다. 자유당 정부를 여성 참정권 운동의 주요 장애물로 생각한 그녀는 선거 때 자유당 후보를 반대하는 운동을 벌이며, 1908 ~ 09년 3차례에 걸쳐 투옥되었다. 이때 그녀는 법정에서 "우리는 법을 어겨 법정에 온 것이 아니라, 법을 만들기 위한 노력의 일환으로 여기에 섰다"고 당당하게 발언하였다. 그녀는 정부가 그들의 요구에 동의하도록 하려면 방화와 같이 군사적이고 공격적인 전술을 써야 한다고 했고, '여성이 처한 상황이 너무나도 절망스럽기에 우리의 임무

1930년 런던 빅토리아 타워 가든에 건립된 에머린 팽크허스트의 동상.

는 대중의 관심을 유발하기 위하여 법을 위반하는 것이다'라고 하였다. 그녀 자신은 이즈음 계속 투옥되었는데, 투옥 중에는 단식을 하여 영국 경찰이 그녀에게 강제로 음식을 주입하는 등 곤욕을 치렀다. 그녀는 단식투쟁과, 석방, 체포의 과정을 1년에 12차례나 되풀이할 정도였다. 시위는 점차 과격해졌지만, 영국 정부는 아무런 답을 하지 않았으므로 여성들은 더욱 공격적이 되고 남성의 상징이라 여겨지던 건물들은 불에 탔다. 영국의 경찰

서마다 여성 시위자들로 넘쳐났다.

그러나, 제1914년 제1차 세계대전이 발발하자 그녀와 딸들은 독일과의 전쟁을 벌이는 영국을 위해 공격적인 참정권 운동을 중지했고, 정부는 참정권 운동 관련 죄수를 전원 석방하며 화답을 하였다. 국민들은 이들 여성 참정권 운동가들의 애국심을 진심으로 지원하게 되었고, 대다수의 의원들이 여성의 참정권을 인정하게 되었으므로 1918년 30세 이상의 모든 여성은 완전한 참정권을 얻게 된다. 그리고 마침내 1928년, 그녀가 죽기 수 주 전에는 남성과 동일하게 21세부터 투표권을 인정받게 되어, 40년간 계속되었던 에머린 팽크허스트의 여성 참정권 운동은 완전한 성공을 거두었다.

그녀의 사망 소식에 뉴욕 헤럴드 트리뷴 신문은 그녀를 '20세기 초의 가장 뚜렷하였던 정치적, 사회적 선동가였고, 가장 탁월한 여성 참정권 운동가' 라고 회고하였다. 1999년 미국의 타임 Time지는 그녀를 20세기를 빛낸 가장 중요한 인물 100인에 선정하며, '이 시대를 살아가는 여성들의 사고방식을 만들었고, 우리 사회를 다시는 되돌아 갈 수 없는 새로운 형태로 전환하도록 사회 전체를 강렬하게 요동치게 하였다' 라고 선정 이유를 밝혔다.

노예 해방의 횃불이 된 버뮤다의 흑인 노예
사라 바세트

18세기 영국의 식민지였던 카리브 해 서인도 제도 西印度諸島의 버뮤다에 사라 바세트Sarah, 또는 Sally Bassett로 불리기도 함라는 여인이 살고 있었다. 그녀는 노예로 끌려온 아프리카계 흑인과 백인 사이에서 태어난 뮤라토 혈통의 여성이었는데, 그 당시 대부분의 흑인과 뮤라토처럼 지배층인 백인 가족의 노예로 살았다. 그녀는 1713년경 주인의 재산인 가축을 죽였다는 죄목 으로 교구에 잡혀가서 매를 맞은 적이 있었는데, 그때 이미 많은 손자와 손녀를 둔 할머니였다는 기록이 있다. 1727년 전까지는 버뮤다에서 대장간 일을 하던 백인 프란시스 디킨슨의 노예였 고, 이후 나이가 많아 노예로서는 값어치가 없다는 판정을 받았다. 주인은 그녀에 대한 소유권을 포기하였기에 노예에서 풀려났으나, 겨우 생계를 유지하며 궁핍하게 살아야만 했다. 1730년 백인인 토마스 포스터와 그의 부인, 그리고 그들의 하녀 낸시가 갑작스럽게 아팠다. 치료를 받았으나 병세가 좋아지지 않던 가운데, 하녀 낸시가 집에 숨겨둔 독극물을 발견하게 된다. 이들은 독극물로 병이 발생한 것으로 의심하여 신고를 하였고, 독극물을 숨겨두었던 범인을 찾는 조사가 시작되었다. 당시 사라 바세트의 손녀였던 벡크Beck가 포스터 집안의 노예였는데, 범인으로 의심되어 취조를 받던 도중에 할머니가 그녀에게 독극물을 투여하도록 시켰다고 증언하였다. 사라 바세트는 강하게 부정하며

버뮤다 해밀턴에 건립된 사라 바세트 동상과 화형된 자리에 피어 있었다는 버뮤다 붓꽃.

무고를 주장하였다. 그러나 교구의 마녀 심판에서 여러 명을 독극물로 죽이려 했다는 죄명으로 유죄가 인정되었고, 1730년 6월 17일 산 채로 화형에 처하라는 판결을 받았다.

화형은 6월 21일 버뮤다의 해밀턴 항구 크로우 거리에서 거행되었다. 그녀는 화형장으로 압송되어 가면서도 시종일관 평온하였고, 유머를 잊지 않았다. 화형 장면을 보기 위하여 자기보다 앞서가던 군중들을 향해 "그렇게 빨리 서둘러 갈 필요가 없네. 내가 거기에 다다를 때까지는, 그 자리에는 아무 볼 것도 없어." 라고 여유를 부렸다. 버뮤다의 해밀턴 항구에는 양손이 묶인 채로 기둥에 매달려 하늘을 쳐다보는 그녀의 마지막 모습이 동상으로 재현되어있다.

사라 바세트가 처형되는 6월 21일은 태양이 활활 타오르던 매우 더운 날이었으므로, 지금도 버뮤다 사람들은 매우 더운 날을 '사라 바세트의 날' 이라고 부르고 있다. 전설에는 그날 그녀를 불태웠던 장작불이 꺼진 뒤에, 그 자리를 정리하였더니 보라색 붓꽃인 '버뮤다 신세계 붓꽃Bermudiana' 이 잿더미 속에서 발견되었다고 한다. 그녀는 화형에 처해지기 직전 '내가 죄가 없다면 내가 죽은 자리에는 무죄를 증명하는 증거가 나타날 것' 이라고 하였는데, 사람들은 불덩이 아래서 발견된 이 꽃이 그녀가 말한 무죄의 증거라고 믿었다. 이 꽃은 버뮤다 주민들이 가장 사랑하는 꽃이 되었고, 오늘날 버뮤다의 어디를 가더라도 보라색 꽃잎을 볼 수 있다. 평생 노예로 살았고, 나이가 들어서 버려진 후에는 백인을 독살하려 했다는 누명을 쓰고 군중들 앞에서 화형을 당한 그녀의 이야기는 민중들에게서 구전되었다. 반복되는 중노동에 시달리며 내일에 대한 희망도 없이 살던 버뮤다 섬의 노예들에게 자신들을 진지하게 돌아보고, 서로 공감하게 했다. 그 결과, 버뮤다 흑인 노예들은 노예 해방 운동을 위하여 봉기하였고, 마침내 그들은 자유를 얻게 된다.

여기에 10cm 높이의 사라 바세트의 청동 종을 소개한다. 청동 종의 그녀는 버뮤다 법원 앞에 세워진 동상의 당당한 자세와는 다르게 초췌한 늙은 노예의 모습이다. 두건을 쓴 머리에 구부러진 허리, 왼손에는 나무를 깎아 만든 지팡이를 짚고 있다. 화형장으로 향하면서도 여유를 부리던 그녀였으나, 누명을 쓰고 화형을 당하기 직전에는 모든 것을 체념하며 어떤 일도 지금보다 더 못할 것은 없다며 애써 스스로를 위로하는 모습처럼 보인다. 이 종이 제작된 1900년대 초의 미국에서는 공식적으로 노예제도가 폐지되었으나, 흑인들은 여전히 극심한 차별에 시달리고 있었는데, 그들의 모습을 보여주는 것 같다.

아메리카 대륙이 발견된 이후 스페인과 포르투갈을 비롯한 유

사라 바세트 청동 종, 1900년 초 미국 제작, 10cm.

럽 국가들은 신대륙에 식민지를 건설하기 시작하였다. 그들이 개발하고 있던 아메리카 대륙의 금은 광산이나 사탕수수 및 담배 재배 농장에 아메리카 인디언을 투입하려 하였으나, 유럽에서 도입된 질병에 취약하였던 인디언 인구가 급격히 감소하였으므로, 그들의 계획에 큰 차질이 발생하였다. 1530년 스페인 식민지에서 인디언 노예제도가 금지되는 것을 계기로, 인디언 대신 아프리카 흑인 노예로 이들을 대체하게 된다. 이때 아프리카 흑인 4,000명에 대한 수입권이 주어졌고, 1702년에는 프랑스의 기네아 회사도 4,800명의 노예 수입권을 얻게 되었다. 이후 1713년부터 약 30년 동안 스페인령 아메리카에 14만 4천 명의 아프리카 노예가 수송되었다. 서인도제도의 사탕수수 농장이 급속히 확대되고 북아메리카 대륙에서 유럽인의 식민지가 확장됨에 따라 흑인 노예의 수요도 계속 늘어갔다. 영국은 식민지 자메이카 섬이 사탕수수 생산의 중심지로 떠오르자, 1672년에 왕립 아프리카회사를 중심으로 노예 수출의 독점권을 획득해 갔다. 콜럼버스시대부터 19세기 말까지 아프리카에서 대서양을 건너 아메리카에 도착한 노예는 적어도 1600만 명을 넘었고, 이중 900만 명 정도는 서아프리카에서 카리브 해 섬으로 팔려갔다. 당시 카리브 해 식민지 나라들의 인구의 85%가 노예였다고 한다.

서인도제도의 노예무역은 유럽이나 식민지에 거주하던 백인들에 의하여 삼각 무역의 형태로 이루어졌다. 대부분은 유럽의 상인들이 범선에 물품을 가득 싣고 아프리카의 서해안에 도착함으로써 시작된다. 상인들은 술, 의류, 총이나 생활용품과 노예를 교환하였고, 노예들은 상인들의 배에 실려 대서양을 가로질러 서인도 제도로 이송되어 농장이나 광산으로 판매되었다. 상인들은 노예를 판매하여 막대한 돈을 벌었고 그 돈으로 서인도제도의 설탕, 커피, 담배를 배에 가득 싣고 유럽으로 돌아가서 판매하였다. 비록 위험하고 오랜 시간의 항해 끝에 얻을 수 있는 무역이지만, 유럽 상인들은 이를 통하여 막대한 이윤을 얻었으므로 많은 사람들이 노예무역에 뛰어 들었는데, 특히 네덜란드

상인들이 많았다. 북아메리카 뉴잉글랜드의 상선들도 북미에서 제조한 럼주와 상품들을 아프리카로 가져와 노예와 교환을 하였고, 이들 노예들은 판매할 수 있었던 서인도 제도로 데리고 갔다.

아프리카에서 노예 상인들에게 잡혀서 신세계로 수송되던 과정도 험난하여 수많은 노예들은 대서양 바다 위에서 생명을 잃었다. 노예선들이 목적지에 도달하는 데에는 몇 달이 걸렸다. 노예들은 쇠사슬에 묶인 채로 선박의 아래층에 수용되었으며, 내부의 비위생적이고 혹독한 환경 때문에 헤아릴 수 없을 만큼 죽었다. 험난한 항해 도중 사망하는 노예는 전체 승선자의 10~20%로 추정되고, 그 이전에 포로가 되거나 유괴되는 과정, 그리고 수감되어 있는 동안에 목숨을 잃은 이들도 많다. 이들 가족이 겪은 고통도 헤아리기 힘들 만큼 컸으며, 실로 엄청난 흑인이 백인들의 경제적 이익을 위해 지옥 같은 경험을 해야만 했다. 한 예로 1781년 흑인 노예 400명을 싣고 아프리카를 떠나 서인도로 가던 영국 함선 종Zong호에서 항해 도중에 질병이 돌았다. 질병과 영양 부족으로 60명 이상이 죽었고 많은 사람이 병에 걸린 상황에서 선장은 잔인한 결정을 내린다. 배에 싣고 가던 노예 130여 명이 산 채로 바다에 던져졌다. 그 이유는 배에 먹을 물이 부족하였고, 육지에 상륙한 후 사망하거나 항해 중에 질병으로 사망한 노예에 대해서는 보험금이 지급되지 않지만, 항해 중에 다른 화물(즉, 노예)을 구하기 위해 바다에 던져진 노예에 대해선 보험금이 지급되기 때문이었다. 여기에 대하여 영국 법원은 "말을 바다에 빠뜨린 것과 같다."며 선장에게 무죄를 선고하였다. 선박 소유주와 보험회사 간의 법적 분쟁 과정에서 이 사건의 진실이 세상에 알려졌고, 사람들은 경제적 이익을 생명보다 앞세운 인간의 잔혹함에 분노하면서 점차 비인도적인 노예무역을 금지

Sig. 220. Sklaventransport in Afrika.

노예 상인에게 포획된 후, 배에 실려서 아프리카에서 신대륙으로 수송되던 흑인들, 위키피디아 사진.

하자며 이들에게 동정적인 태도를 취하게 되었다. (송병건, 〈대양을 가로지른 노예무역의 참상〉, 〈중앙 SUNDAY〉, 2014. 6. 8.)

서인도제도로 잡혀온 노예들은 농장에서 매질을 당하면서 사탕수수·담배·면화 등을 재배하거나, 금광과 은광에서 채굴을 하는 노동력으로 이용되었다. 생산된 물자는 유럽으로 운송되어 소비자에게 판매되거나 정부의 국고를 살찌우는 수단이 되었다. 노예무역의 이익은 직접적으로는 노예 상인에게 돌아갔지만, 유럽 각국의 소비자와 정부도 큰 이득을 얻었던 것이다. 산업혁명 시기 영국 전체 국민소득의 약 5%가 노예무역과 서인도제도의 플랜테이션으로부터 얻은 이익이었다고 한다. 노예무역은 유럽 자본이 식민지 착취 과정에서 발생한 흑인에 대한 가혹한 제도였다. 특히 설탕은 카리브 해 노예 경제의 기반이 된 필수품이었다. 유럽에서 재배되지 않았던 설탕을 좋아하게 된 유럽인을 위해 많은 노예가 사탕수수 밭에 투입되었다. 학자들의 추측에 의하면 1690 ~ 1790년 사이에 유럽으로 운반된 설탕 1톤당 한 명의 흑인 노예가 사망하였고, 설탕의 소비가 최고점에 달했을 때에는 영국 소비자 250명에게 설탕을 공급하기 위해 흑인 노예 한 명이 사망했다고 한다. 카리브 해 섬에 팔려온 아프리카 노예의 평균 수명이 7년이었다는 통계는 이들의 험난한 일생을 짐작하게 한다.

노예는 대부분 서부 아프리카 출신이었는데 그들이 처한 생활 여건은 극도로 열악하였으므로, 반란이 일어나기 시작하였다. 영국 등에서 노예 착취에 반기를 들고 서인도 제도산 설탕에 대해서 불매 운동이 있었지만 그 결과는 미미하였다. 그러나 19세기 이후부터는 내적·외적 요인에 힘입어 노예

사탕수수 농장에서 일하는 흑인 노예들. 그들은 극심한 노동과 폭력에 시달려야 했다.

제도는 빠르게 무너지기 시작한다. 영국의 노예 폐지론자들은 노예제도가 경쟁 국가 프랑스를 부유하게 만들어준다고 주장했으며, 유럽과 미국에서도 설탕 생산의 비용이 높아지자 폭리를 취하는 카리브 해 농장주들을 강하게 비난하였다. 사람들도 점차 노예제도와 노예 매매를 인도주의적 관점으로 바라보기 시작

하였다. 마침내 1802년부터 덴마크를 시작으로 미국, 영국, 프랑스, 네덜란드, 스페인, 스웨덴이 노예 매매를 폐지하였으나, 노예무역이 바로 중지되지는 못하였다. 이후 1833년 영국령, 1848년 프랑스령, 1863년 네덜란드령 식민지에서 각각 노예제도가 공식적으로 폐지되었으며, 같은 해 미국의 링컨 대통령이 노예 해방을 선언함으로써 마침내 노예무역은 종지부를 찍게 된다. 스페인 점령지였던 푸에르토리코와 쿠바에서는 19세기 후반에 접어들어서야 노예제도가 폐지되었다. 노예 해방 이후 대농장은 대부분 몰락의 위기에 처했으며 설탕 생산은 여러 대농장이 합병해서 중앙 공장에 설탕을 공급하는 정도로 맥을 이어갔다. 아이러니하게도, 노예 해방 후 식민지 경제는 오히려 본국에 더욱 종속되어 갔다. 《서인도 제도의 역사와 문화》 브리태니커 온라인. 2014)

버뮤다는 1684년부터 영국령이 되었는데, 1998년 영국으로부터 독립을 묻는 국민투표가 있었으나 부결되어 현재도 영국 자치령으로 남아 있다. 지금은 관광 산업과 조세 피난처로 대표되는 국제 금융업으로 유명하나, 사라 바세트의 후손들은 지금도 가난하고 힘겹게 살아가고 있다. 그러므로 카리브 해 사람들의 슬픈 기억들은 아직도 진행형인 것 같다.

최근 카리브 해 14개국이 서구 제국주의 국가들에 대하여 노예무역을 사과·배상하라고 요구하고 있다. 노예제뿐 아니라 식민 통치가 그들에게 끼친 해악에 대해서도 배상을 받겠다고 나서고 있다. 유럽 국가들은 "그 당시에 노예무역은 불법이 아니었다."고 주장하나, 카리브 해 국가들은 "국제사법재판소에서 소송을 진행하겠다."고 한다. 할머니 노예 '사라 바세트'와 카리브 해 나라들의 아픈 역사를 살펴보면, 군국주의 일제의 위안부 문제로 아픔을 겪고 있는 21세기 우리나라의 상황과도 닮은 점이 많다.

영국 자치령으로 남아있는 카리브 해의 버뮤다.

진정한 나를 찾아 떠나는 길
산티아고의 순례길

　　프랑스의 남부 도시 생장피드포르St Jean Pied de Port
에서 시작하여 피레네 산맥을 가로지르는 800km의 길을 한 달
이상 걸어서 스페인 산티아고 데 콤포스텔라Santiago de Compostela
대성당에 도달하는 성지 순례길이 갑자기 유명해졌다. 지금부터
직장에서 은퇴하기 시작하여 인생 제2막을 시작해야 하는 나와
같은 우리나라 베이비붐 세대들이 남은 일생에서 우선적으로 해
보고 싶은 일(버킷리스트) 가운데 이 길을 홀로 걷는 것을 염두
에 두고 있다고 한다. 왜 이렇게 많은 사람들이 '스페인 산티아
고 순례길'에 열광하는 것인지 궁금하였다. 마침 유럽갑상선학
회 학술대회가 그곳에서 개최되기에, 어렴풋하게나마 그 근처의

냄새라도 맡아보았다. 산티아고 순례길은 일반적으로는 북부 800km가 잘 알려져 있으나, 유럽 각지에서 산티아고로 향하던 순례길은 실로 다양하다.

아래의 지도에서 보는 바와 같이 유럽 각지에서 출발한 순례자들은 산티아고 데 콤포스텔라를 향해 다양한 방향으로 걸어 대성당의 '순례자의 미사'에 참석하였다. 콤포스텔라 대성당 앞 길거리에서 만났던 아일랜드의 젊은이들은 포르투갈의 포르투에 도착하여 10일을 걸어 대성당에 도착하였다고 하였다. 그러나 산티아고 순례의 공식적인 끝은 여기서 다시 출발하여 '세상의 끝'이라 불리는 북대서양 끝에 위치한 피니스테레Finisterre로 가야한다. 이곳에서 순례자들은 대서양의 저녁노을을 바라보며 그 동안 자신이 입었던 낡은 옷을 불태우고 새 옷으로 갈아입은 후, 새로운 인간으로 다시 출발함으로써 순례가 완성된다고 한다.

엘 카미노 데 산티아고El Camino de Santiago는 스페인어로 '산티아고로 가는 길'이라는 뜻이다. 스페인의 산티아고 데 콤포스텔라는 이베리아 반도의 북서쪽 갈리시아 지방에 위치한 도시로 예루살렘, 로마와 함께 가톨릭의 3대 순례지로 알려져 있다. 산티아고Santiago는 야고보Jacobo 성인의 라틴어 표현인 'Santucs Iacobus'를 스페인 갈리시아어인 'Sant Iago'로 옮긴 말에서 유래하였고, 야고보 성인의 스페인어식 표현이다. 야고보 성인은 그리스도의 열두 제자들 중 한 명으로서 세베데와 살로메의 아들이며 복음서를 쓴 요한 성인의 형이다. 예수의 12제자 중에는 요한의 형이었던 큰 야고보와 알페오의 아들인 작은 야고보의 두 야고보가 있는데, 여기에서는 큰 야고보를 말한다. 야고보는 예수의 부름에 처음 응한 사람들 중의 한 명이며 베드로와 요한과 더불어 예수의 가장 가까운 제자였다.

그리스도가 승천한 후, 전 세계로 복음을 전파하러 떠났던 다른 제자들처럼 야고보도 전도를 위해 이베리아 반도로 갔다. 기록에 의하면 그의 전도는 별 다른 성공을 거두지는 못하였다고 한다. 그는 7년 뒤에 로마인들에게 점령당한 채 기독교인들이 모진 박해를 당하고 있던 팔레스타인으로 다시 돌아간다. 야고보 사도의 팔레스타인 포교가 큰 성공을 거두자 분노한 유대인들은 그를 붙잡아서 로마인들에게 넘겨주었다. 그는 서기 44년 유대의 헤롯 아그리파 1세의 명령으로 참수되어 예수의 열두 제자 중 최초의 순교자가 되었다. 아타나시오Atanasio와 테오도로Teodoro 라는 두 젊은 제자들은 참수 당한 그의 유해를 훔쳐 배에 실었고, 7일간의 항해 끝에 스페인 갈리시아 지방에 상륙하였다. 이때 천사들이 나타나 물길을 안내하였고, 육지에 도착한 그의 유해는 조개껍질들이 둘러싸서 보호하고 있었다. 이런 연유로 가리비 조개껍질은 야고보 성인과 산티아고 순례길의 상징이 되었고, 지금은 순례길의 곳곳에서 순례자를 인도해 주는 표지판으로 쓰이고 있다. 야고보의 유해는 바위 위에 우선 안치되었으나, 이 지역 주민들의 격렬한 반대에 부딪치게 되었다. 그의 추종자들은 루파 여왕을 찾아가서 묘지를 마련해 달라고 부탁하였다. 여왕은 그들에게 먼 산을 가리키며 저 산으로 가서 야생 황소들을 찾아내고 소에 수레를 매달아 성인의 관을 싣고 가서 적당한

산티아고 순례길을 안내하여 주는 가리비 조개와 조개 문양 노란색 화살표.

장소에 묻으라고 하였다. 여왕은 그들이 야생 황소들을 길들일 수 없을 것이라 생각하고 말했으나, 기적이 일어났다. 그들이 황소를 길들여 관을 매달고 산으로 들어가자, 분노한 여왕은 군대를 보내 그들을 추격하였으나 병사들이 갑자기 불어난 급류에 길이 막히고 말았다. 여왕은 마침내 모든 기적을 인정하고 스스로 그리스도교로 개종하고, 야고보의 유해를 자신의 궁궐 내부에 묻으라고 하였다. 그러나 그 이후 7백 년의 세월 동안 야고보 성인이 묻힌 정확한 위치는 잊혀진다. (won5608, 몽펠리에 생활, http://epy.kr/xe/2857)

813년에 은둔 수도자인 펠라지우스는 인적이 드문 벌판에 무수한 별빛이 쏟아지는 신비한 자연 현상을 목격한 후, 꿈속에서 야고보 성인의 유해가 묻힌 장소에 대한 계시를 받는다. 그는 테오도미르 주교에게 이 사실을 말했고 그와 함께 들판 위에서 반짝이는 신비로운 별의 인도를 받아 가며 묘지를 찾으러 떠났다. 두 사람은 허물어진 예배당 내부에서 참수당한 유해 한 구를 포함한 3구의 시신이 묻혀 있는 무덤을 발견했다. 주교는 이것이 야고보 성인과 동행자인 아테나시오와 테오도르의 관이라고 확신했다. 주교는 그 지역을 지배하던 아스투리아스 왕국의 알폰소 2세에게 보고하였고, 왕은 직접 현지를 둘러본 후 무덤 위에 성당 건립을 명령하였다. 야고보의 무덤 발견을 계기로 산티아고 데 콤포스텔라 대성당이 건립되었고, 도시가 형성되기 시작하였다. 콤포스텔라는 명칭이 '묘'를 의미하는 라틴어인 콤포지툼compositum에서 비롯되었다는 설도 있지만, 야고보의 무덤이 발견된 '별빛이 쏟아지는 들판Campo de las estrellas'이라는 의미의 'campus stellae'에서 유래되었다고 한다. 이때에는 민족의식이 희박했던 스페인인들의 정체성이 확립되어 가던 시기였고, 기독교도인 유럽 국가들이 연합하여 이슬람교에 대항해 결속력을 다지던 시기이기도 했다. 이베리아 반도의 이슬람으로부터의 국토수복 전쟁은 기독교 국가들로서는 성전聖戰이었다. 이 소식은 스페인 군대와 국민을 더욱 단결하게 하였고 야고보는 스페인 수호 성인으로 자리 잡게 되었다. 전설에는 야고보가 클라비호 전

좌 : 야고보 성인의 석상.
우 : 콤포스텔라 성당 순례 기념품이었던 야고보 성인 청동 종.
　　종의 몸체는 이슬람 무어인을 처단하는 야고보의 조각임. 20C 초, 높이 20cm.

투에서 백마를 타고 나타나서, 이베리아반도를 지배하고 있던 이슬람 무어족 군대를 무찔렀다. 이때 열세에 있었던 전투에서 울려 퍼졌던 "산티아고, 돌격하라, 스페인이여Santiago y cierra, Espana"라는 구호는 이후에도 오랜 세월 동안 스페인 군대의 정식 공격 명령으로 사용되었다. 이 때문에 야고보 성인은 '마타모로스(무어인을 죽인다는 뜻)'로도 불리게 되었고, 신대륙 정복 시에는 '인디오들을 물리치는 산티아고'의 모습으로 바뀌어 스페인 병사들을 독려하는 수단이 되었다.

야고보 성인의 무덤이 발견되었다는 소식은 유럽으로 전해졌고, 당시의 교황 레오 3세는 이를 모든 그리스도 국가에 중요한 사건이라고 공표하였기에, 야고보의 명성은 기독교 세계 전체로 퍼져 나갔다. 무어족이 남쪽으로 밀려나던 12 ~ 14세기에 이르러 콤포스텔라는 절정기를 맞게 되었다. 교황 알렉산드로 3세가 이곳을 로마, 예루살렘과 더불어 '거룩한 도시'로 명명하였고, 갈리스토 2세 교황은 로마 가톨릭교회 '최고 성지'의 영예를 부여하였다. 특히 614년 예루살렘이 오스만투르크에 점령당하여 그리스도교도인의 순례길 통행이 차단되자, 산티아고에 순례자들의 행렬이 모여들게 된다. 갈리시아 지방은 그리스도교의 중심지로 탈바꿈했다.

야고보의 유해가 진짜인지는 객관적으로 입증된 바 없다. 학자들은 갈리시아 지방에서 3세기 이전의 그리스도교 공동체 유적이 발굴된 바가 없으며, 유해가 발견된 장소가 켈트족, 로마, 수에브족, 서고트 시대를 거치는 동안 수많은 유해가 매장된 공동묘지였으므로 무덤의 진위와 야고보의 생전 전교 활동 자체에 대해 의문을 제기하고 있다. 또한 아스투리아스 왕가가 야고보의 무덤을 서둘러 승인한 것도 당시 이슬람 지배하의 톨레도 교회에 대한 반감과 코르도바를 근거지로 했던 이슬람 왕조에 대한 적대 의식, 그리고 성인의 무덤 발견을 계기로 유럽의 다른 그리스도교 국가들로부터 아스투리아스 왕국의 정통성을 인정받고자 했다. 이렇듯 정치, 외교적인 이유에서 찾는 시각도 있다고 한다. 이러한 의혹에도 불구하고 산티아고 데 콤포스텔라에는 이미 9세기 후반부터 순례자들이 몰려들었다. 1122년 교황 칼리스토 2세가 산티아고의 무덤을 공인하게 되면서 유해의 진위 여부를 둘러싼 논란은 일단락되었다. 하지만 이 또한 십자군 전쟁 때 이슬람 세력에 의해 예루살렘 순례길이 차단되어 대체 성지의 필요성이 절박하던 당시의 상황을 고려해 보면 합리적인 근거에 의해 공인된 것이라고 보기는 어렵다고 한다.

이후 교황 알레한드로 3세는 야고보의 축일인 7월 25일이 주일에 해당하는 해에 산티아고 성지를 순례하는 사람들은 보속을 면죄 받는 전대사全大赦를 받을 것이라는 칙령을 발표하였다. 이

좌 : 그림으로 남겨진 순례자.
중 : 순례길의 끝에 위치한 몬테 도 고소 동산의 순례자 동상.
우 : 크롬 도금한 순례자종, 2014년 구입, 높이 11cm.

로써 성년聖年 야고보 성인의 축일인 해가 되면 무려 50만 명이
나 되는 순례자들이 성인의 무덤을 향해 걸었다고 한다. 산티아
고 순례길은 고립되어 있던 스페인이 유럽과 연결되고 개방되는
문화와 기술 교류의 길이자 상품 교역의 길이 되었다. 유럽의 사
람들은 이 길을 통행하며 서로 살아가는 법을 배웠으며 그들이
가진 과학과 의학, 철학 지식을 교환하며 문화를 발전시켰다. 순
례길을 따라 도시와 마을이 세워졌고, 강을 건너도록 다리가 건
설되었으며, 크고 작은 성당들이 건립되었다. 순례자들과 여행
자들, 극빈자들을 받아들여 치료해 주기 위해 병원도 문을 열었
다. 그러나 14세기 들어서부터 콤포스텔라 순례길은 유럽을 휩
쓴 페스트의 영향으로 쇠퇴기에 접어들게 되고, 16세기에 이르
러서는 종교전쟁의 영향으로 거의 잊혀졌다. 이때는 스페인 영

토 회복이 이미 이루어졌다. 백년전쟁에 이은 16세기의 종교전쟁이 발발하면서 순례자들이 유럽을 여행하는 것이 매우 위험해졌다. 왕들이 순례자들을 보호해 주는 임무를 띤 전투 교단이 너무 비대하고 강력하다고 판단해 이들을 해체하였기 때문이다.

20세기 초 프랑스 수도자들은 산티아고 순례길을 다시 개척하기 시작했으나, '산티아고의 순례길'이 다시 주목을 받게 된 것은 1970년대부터이다. 가톨릭 신자들과 정신적으로 방황하던 사람들은 보다 깊고 새로운 그 무엇을 추구하기 위하여 '산티아고의 길'에 모여들기 시작하였다. 순례길이 위치한 도시나 마을, 그리고 가톨릭 교구에서도 순례자들을 위한 편의시설과 설비를 갖추기 시작한 것이다. 산티아고 데 콤포스텔라는 1982년 교황

1078 ~ 1124 사이에 건축된 콤포스텔라 대성당과 대성당 방문 기념품 종.

요한바오로 2세의 방문을 계기로 세계적으로 주목받았으며 1993년에는 유네스코에 의해 인류문화유산으로 지정되어 가톨릭 신자들의 성지일 뿐만 아니라 모든 사람들이 찾는 문화관광지, 정신적 중심지가 되었다. 1986년 브라질의 작가 파울로 코엘료가 이 길을 순례한 뒤에 쓴 소설들이 세계적인 베스트셀러가 되면서 우리나라에게도 낯설지 않은 곳이 되었다. (《두 개의 스페인》, 신정환, 전용갑 저, 2011년, Hufs Books)

나도 짧은 거리나마 순례길의 마지막 몇 km를 걸었고, 콤포스텔라 대성당의 순례자를 위한 미사에 참석하였다. 종교가 없는 내가 라틴, 이태리 말씀으로 전하는 신부님의 복음을 알아들을 수는 없었으나, 그 뜻은 내가 짐작하는 그대로일 것이라 생각해 보았다. "오랜 산길을 홀로 걸어 콤포스텔라 대성당 앞에서 눈물지을 때 비로소 진정한 삶에 대한 의미를 깨달을 수 있고, 순례자를 위한 미사에 참석한 사람들의 얼굴에 저절로 흘러내리는 눈물이 이 순례의 의미이다."라는 최윤희 시인의 글이 가슴에 와 닿았다. 순례자를 위한 미사의 마지막에는 5~7명의 수사들이 밧줄을 당기면 천장에 달린 커다란 향로가 진자운동을 하는데 이때 향이 퍼져 나온다. 그 옛날 초췌한 순례자들이 내뿜던 고약한 냄새를 없애기 위해 시작했다는 분향은 지금은 그 자체가 장엄한 의식이 되었다. 산티아고로 계속 걸어가는 것은 자기 자신

순례자를 위한 미사 광경. 커다란 향로에서 뿜어져 나오는 향
이 실내에 퍼진다.

의 가장 깊은 곳을 향해 걷는 내적인 항해이며, 현대인에게 이
길은 "도보 여행자로 떠났다가 순례자로 돌아오게 된다."라는
말의 의미를 조금이나마 이해할 것 같았다. 산티아고로 가는 순
례 여행은 처음 출발할 때는 산행처럼 느껴지지만, 며칠이 지나
거나 어떤 시련을 겪게 되면 내면으로 떠나는 다른 차원의 여행
이 된다고 한다.

저항과 투쟁의 푸른 상징
패트릭 성인과 레프러콘의 나라 아일랜드

아일랜드의 상징은 패트릭 성인성 패트릭, St. Patrick과 작은 요정인 레프러콘이다.

패트릭 성인의 기일忌日인 3월 17일은 성 패트릭의 날이다. 이 날은 아일랜드와 전 세계의 아일랜드계 사람들이 거리를 녹색 물결로 채우는 축하 행진을 하며 그를 기린다. 패트릭 성인(385 ~461)은 아일랜드에 기독교를 전파하고 로마 글자를 처음 전한 수도승이다. 그는 로마계 영국인으로서 영국의 웨일스 서부 해안에서 살았다. 열여섯 살 때 해적들에게 잡혀, 6년 동안 노예가 되어 아일랜드의 산비탈에서 양을 치며 살았다. 전설에 의하면 기독교를 신봉하던 그는 하늘에 구원을 청하는 기도를 끊임없이 올렸고, 22세 때 꿈에 나타난 천사의 인도를 받아 고향으로 돌아갈 수 있었다고 한다. 이후 프랑스로 가서 수도사 생활을 하던 중, 과거 노예 생활을 했던 아일랜드로 가서 켈트 다신교를 믿는 그들에게 기독교를 전파하기로 결심하였다. 아일랜드에서의 그의 선교 활동에 좋은 도구가 된 것은 아일랜드 들판에 지천으로 깔려 있던 토끼풀샴록 클로버, shamrock이었는데, 성부와 성자와 성령이 하나라는 기독교의 '삼위일체론Trinity'을 설명하기 위해 그는 잎이 셋 달린 토끼풀을 들어보였다고 한다. 그의 포교 활동은 성공을 거두었기에 아르마그 대성당을 건립할 수 있었고, 마침내 아일랜드 전체에 포교할 수 있었다. 461년 3월 17일에 사망한 뒤, 그가 포교를 위해 들어보이던 토끼풀은 아일랜드의 상징이 되었다. 원래 아일랜드를 상징하던 색은 파란색이었으나, 이후 그를 기리기 위하여 토끼풀과 같은 녹색으로 바뀐 것이다. 아일랜드에서 흔히 볼 수 있는 십자가는 가운데에 동그라미가 있는 것이 특이하다. 이를 켈트 십자가Celtic Cross라 하는데 패트릭 성인이 그리스도교로 개종한 아일랜드인들이 쉽게 적응할 수 있도록 그들이 전부터 숭배하던 태양과 달의 형상을 그리스도교 십자가에 포함시켰다. 가로 세로가 교차하는 지점에 원이 있는 십자가 모양을 만들었다는 전설이 있다.

성 패트릭 날이 되면 아일랜드인들은 강물에 초록색 염료를

띠우며 초록색의 옷을 입고 축제를 즐겼다. 이날에는 잘 말린 클로버 잎을 책장 사이에 끼워 서로에게 선물을 한다. 또한 미국의 아일랜드계 후손들이 뉴욕, 시카고 등 대도시에서 초록색 옷을 입고 성 패트릭데이 행진을 벌인다. 이것은 세계적으로 유명한 축제가 되었다. 매년 이 행진 참가자들이 소개하는 특별한 주제는 곧 바로 세상의 관심을 모을 정도로 진취적이다. 때문에 세계인의 이목이 집중되는 행사가 된 것이다. 1973년의 행진에서는 아일랜드 무장단체가 일으킨 '피의 일요일' 참변을 추도하기 위해 14개의 관棺을 들고 거리에 나섰고, 1991년에는 아일랜드 동성애자들이 처음으로 독자적인 행진을 펼쳤다.

좌 : 패트릭 성인의 날 행진. 아일랜드를 상징하는 녹색 복장, 가톨릭 신자들의 거리 행진.
우 : 샴록 클로버 아일랜드 기념 황동 종, 높이 9cm, 2012년, 더블린.

좌 : 아일랜드의 켈트 십자가. 켈트 십자가는 가로축보다 세로축이 길고 십자가에 원
    이 둘러쳐진 모양이다.
중 : 켈트 십자가 손잡이 아일랜드 황동 종. 2012년.
우 : 신나치주의자들의 셀틱 십자가 깃발. 백인 우월주의자와 나치가 사용하였기에
    현재는 국제적으로 금하고 있다.

　아일랜드에는 삼각 모자를 쓰고, 어린아이보다 키가 작은 난
쟁이 요정인 레프러콘Leprechaun도 유명하다. 레프러콘이라는 말
은 아일랜드 고유한 고대 게이릭 언어로 '작은 몸체'라는 뜻이
다. 이들은 언제나 가죽 앞치마를 두르고 구두를 만들고 있으며,
턱수염이 더부룩하게 난 할아버지 요정이다. 이들은 오직 한쪽
신발만을 만들며, 무지개 끝에 항아리를 묻어 두고 금을 모으는
고상한 취미를 가지고 있다고 한다. 착하기만 한 이들이 어쩌다
가 인간에게 잡히면, 자신을 풀어 주는 대가로 반드시 세 가지의

소원을 들어준다고 알려져 있으므로 사람들은 꿈에서라도 레프러콘을 만나고 싶어 한다. 그러므로 아일랜드계 사람뿐만 아니라, 많은 미국인 가정에는 금도 많이 가지고 있을 뿐만 아니라, 소원을 잘 들어주는 앙증맞은 요정 레프러콘 인형을 가정에 지니고 있다. 레프러콘은 그림 형제의 동화인 〈백설공주와 일곱 난쟁이〉에 나오는 일곱 난쟁이 모델이 되었고, 디즈니사에서 만든 만화영화에서도 흰 턱수염의 레프러콘 난쟁이 요정이 소개되어 전 세계 어린이들의 사랑을 받게 되었다. 여기에서 소개한 70년대에 만들어진 5개의 레프러콘 인형 도자기 종도 그런 연유로 미국 가정으로 판매가 되었을 것이다. 조용한 밤이면 집집마다 레프러콘을 잡고는 각자의 소원을 말하고 있는 아이들의 모습을 상상하는 것도 유쾌한 일이다.

좌 : 녹색 클로버가 그려진 요정 레프러콘(Reprechaun) 인형 도자기 종.
　　1970년 대만 제작. 높이 13cm.
우 : 영화 〈백설 공주〉의 한 장면. 레프러콘은 일곱 난장이의 모델이 되었다.

게르만 계통의 켈트족이 기원전 청동기 시대부터 살아왔던 아일랜드는 우리에게도 친숙하고 정감이 가는 나라이다. 시인 예이츠의 〈이니스피리 섬으로 돌아가리〉와 "〈oh, Danny Boy〉(아, 목동아)라는 노래에 나타나 있듯이 아일랜드인들은 모이면 노래하며 시끌벅적한 면이 있으며, 친절하고 감성적이다. 아일랜드의 민요들이 슬픈 이유는 영국의 식민통치와 대기근이라는 비극적인 역사에 기인한다고 한다. 그 이미지가 우리나라와 비슷한지, 아일랜드에는 한국인들을 '동양의 아이리시' 라고도 소개하고 있다. 가톨릭 국가인 아일랜드의 신부, 수녀들이 1950 ~ 70년대 우리나라에 많이 파송 되었다. 전쟁 후 어려웠던 고아들의 구호활동과 국민들의 경제적 자립에도 도움을 주었다. 제주도의 성 이시돌 목장이 아일랜드 신부가 개척하고 일군 아일랜드형 목축 시설이다.

척박한 땅 아일랜드에 살던 사람들은 영국의 탄압과 기근으로 아일랜드를 많이 떠났다. 특히 미국으로 이주하였던 아이리시들은 이탈리아 이민자들인 마피아가 뉴욕을 주름잡기 전까지 강인한 생존력으로 밀주나 불법사업을 독점하며 미국 동북부의 암흑가를 주물렀다고 한다. 전 세계에 퍼져 있는 아이리시인들은 1800만 명 정도로 추측되고, 각 분야에서 사회를 이끄는 주류가 되었다. 미국의 대통령 중 20명이 이들의 혈통을 배경으로 가지고 있다는데, 잘 알려진 케네디 대통령, 로날드 레이건이 이들의 후손이며 우리가 미처 알지 못하는 사람들도 많다. 권투 선수 무하메드 알리, 버락 오바마 대통령은 증조, 고조가 미국으로 이민 온 아이리시라고 한다. 알리(원이름 : 캐시어스 클레어)는 그의 선조들이 아일랜드의 클레어주에서 살다가 19세기에 미국으로 이주하였고, 이후 흑인들의 피가 섞였다. 케냐 출신인 아버지를 둔 흑인 오바마도 백인 어머니의 할아버지가 아일랜드에서 이주

하였다. 남미의 혁명 풍운아 '체 게바라' 도 아이리시 혈통이다.

아일랜드에는 450 ~ 600만 명의 인구를 유지하고 있는데, 기네스맥주, 워터포트 유리공장 같은 회사들이 아일랜드의 토종기업 이다. 아일랜드는 20세기 후반기에 국제 금융의 허브로 두각을 나타내면서 급속한 경

녹색 클로버의 아일랜드 처녀. 1970년 Schmidt 회사의 '세계의 처녀' 시리즈 중. 높이 15cm.

제발전을 구가하여, 세계가 경이롭게 바라보았던 '아시아의 네 마리의 용四龍'에 빗대어 세상을 향해 포효하는 셀틱 호랑이Celtic Tiger라고 불려졌다. 최근에는 부실 금융으로 인하여 나라 경제 전체가 된서리를 맞았다. 부동산 경기가 활성을 잃어 부풀어 오르기만 하던 섬이 이제는 거의 잠수하는 섬이 되었다고 자조하고 있다. 그러나 항상 역경을 이겨온 그들의 잠재력과 단결력으로 이를 극복할 수 있을 것이다.

유사 이래 아일랜드인들은 척박한 환경에서 목축으로 어렵게 살고 있었다. 684년 최초로 잉글랜드가 아일랜드를 침공했으나 얼마 지나지 않아 물러갔고, 12세기 전까지는 잉글랜드의 침공을 받지 않았다. 그러나 6 ~ 7세기부터 11세기 초까지의 아일랜드는 바이킹들의 천국이었다. 그들은 롱쉽long ship이라는 배를 타고 시도 때도 없이 약탈을 감행하였다. 로마가 지배하던 영국 시대에 이미 전파되었던 기독교의 사원과 수도원은 비교적 많은 재산, 금은과 같은 부를 축적하고 있었기에 쉽게 이들의 표적이 되었다. 바이킹들은 아일랜드 해안에 겨울을 나기 위한 둥근 기둥 또는 수직의 돌성을 쌓아 그들의 근거지를 만들었다. 바이킹 정착지 중 유명한 곳이 더블린이다. 852년 바이킹은 더블린 만에 상륙하여 요새를 건축하였다. 수세기 후 이들은 아일랜드인과 섞이게 된다. 그 당시, 아일랜드를 분할하여 통치하던 여러 왕국의 국왕들은 완강하게 저항하여 많은 전쟁이 일어났다. 바이킹은 아일랜드 전역을 지배할 수는 없었다. 결국 바이킹은 1014년 클론타프 전투에서 패하였다. 이후 바이킹이 건설한 항구들은 아일랜드의 주요 교역 통로로 남아있다.

 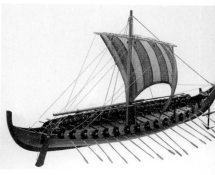

좌 : 대서양 해안에 바이킹이 정착을 위해 건설한 둥근 탑, 성채.
우 : 바이킹의 롱쉽.

바이킹족의 세력이 약해질 무렵인 1172년 또 다시 헨리 2세의 잉글랜드 군이 침략했다. 수도인 더블린이 함락되면서, 아일랜드는 잉글랜드의 식민지가 되었으나 켈트족은 끈질기게 저항하여 잉글랜드 세력을 서서히 몰아낼 수 있었다. 그러나 1534년, 헨리 8세가 대대적으로 아일랜드를 침략하였다. 이로 인해 1937년 정식 독립될 때까지 약 400년을 잉글랜드의 식민 통치를 받았다. 이들은 헨리 2세의 침입 이후 20세기 초 독립이 될 때까지,

영국과 끊임없이 싸운 800년 이상을 '저항의 역사'라고 부른다.

16세기 중엽에서 17세기에 걸쳐 잉글랜드는 아일랜드 플랜테이션이라 불리는 식민지화 정책을 실시한다. 이에 따라 영국에서 아일랜드로 건너온 장로교회 정착민들이 잉글랜드의 아일랜드 통치를 떠받치는 기반이 되었다. 잉글랜드는 아일랜드에 대한 지배를 공고히 하기 위해 성공회의 신자가 아니면 공직에 임명하지 않는 법을 반포하고 아일랜드 성공회를 설립하기도 했다. 특히, 청교도혁명으로 권력을 잡은 영국의 호국경 크롬웰은 1649년부터 4년에 걸쳐 아일랜드를 정복했다. 가톨릭 구교도인 아일랜드인을 무자비하게 탄압하였다. 정복 전쟁의 결과는 참혹하였으며, 아일랜드인의 삼분의 일이 전쟁의 와중에 죽거나 추방당하였다. 크롬웰은 아일랜드 로마 가톨릭 지주의 토지 대부분을 몰수하여 잉글랜드에서 이민한 장로교회 정착민에게 주었다. 크롬웰군은 성당에 1000명이 넘는 아일랜드 국민을 가두고 불을 지르기도 했으며, 중부를 가르는 새넌 강을 기준으로 "죽지 않으려면 강을 건너 서쪽으로 건너가라."라고 명령을 하였다. 이후에도 종교 탄압을 피하여 영국에서 많은 구교도들이 아일랜드로 넘어왔으나, 경작이 불가능한 황무지인 강 서쪽으로 추방되었고 아일랜드인은 계속해서 공직 진출이 금지되었다. 아일랜드인은 게일어라는 토속어를 쓰며, 감자 농사와 목축을 하면서 살았다. 감자를 주식으로 하던 이들은 감자에 병이 들면 먹을 식량이 없었다. 18세기에 이어 1845 ~ 49년에 다시 발생한 감자 잎마름병으로 대기근이 들었다. 8백만 명이었던 아일랜드의 인구는 1911년이 되자 절반인 440만 명으로 감소하였다고 한다. 200만 명은 굶어 죽었고, 200만 명은 먹고 살기 위하여 유럽이나 신대륙, 미국 등으로 떠났다.

아일랜드는 이후 20세기 초까지도 영국의 국토로 남았으나 민족적 종교적 이질성으로 영국과 하나가 될 수 없었으므로 끊임없이 독립 투쟁을 하였다. 이들은 1916년 부활절 봉기와 영국 - 아일랜드 전쟁을 거쳐 마침내 1919년 독립을 선언하였다. 이에 따라 이루어진 1921년의 영국 - 아일랜드 조약은 아일랜드 자유국을 영국연방의 일원으로 하여 자치를 보장하는 것이다. 이 조약의 내용은 독립운동 세력을 분열시켰으며 결국 아일랜드 내전으로 이어졌다. 내전의 결과 아일랜드는 남과 북으로 분단되어 북아일랜드는 영국에 잔류하고 32개 주 중에서 남부 26주로 구성된 아일랜드 자유국이 출범하였다. 1949년에 아일랜드는 영국연방에서 탈퇴한 후 아일랜드 공화국으로 완전 독립하였다. 영국의 영토로 남게 된 북아일랜드에서의 갈등은 18세기 스코틀랜드 장로교도들이 영국의 식민지 아일랜드에 이주하면서 시작되었다. 북아일랜드의 얼스터에 이주한 이들 장로교도들은 가톨릭

모든 아일랜드인의 보편적 자유와 권리의 수호를 모토로 1912년에 창립되고, 1916년 아일랜드의 독립을 위한 부활절 봉기에 참가한 아일랜드 의용군 기념 석상.

교도들을 밀어내고 인구의 대부분을 차지하였다. 이들의 후손은 지금도 정치, 사회, 문화 모든 영역에서 기득권을 갖고 있다. 이들은 남쪽과 전쟁을 벌였고 독립을 반대했다. 따라서 북아일랜드의 사람들은 수백 년 동안, 영국에서 온 개신교인들에게 차별과 억압을 받아왔다. 이들의 불만은 IRA와 같은 무장투쟁으로 발발하였다. 지금은 평화 협정으로 안정 상태를 유지하고 있으나, 북아일랜드의 수도 벨파스트 주민들 간의 갈등은 현재 진행형이다.

3. 종소리, 세상을 깨우다

콘스탄티노플을 함락한 정복자
메흐메트 2세

　　서기 476년 서로마 제국이 고트족에게 멸망한 후에
도 로마제국의 동부는 스스로를 로마라 생각하였고, '동로마제
국', '로마인Romania' 이라 불렀다. '동로마제국' 은 콘스탄티누
스 대제가 324년 로마의 수도를 콘스탄티노플(비잔티움)로 옮기
고 기독교를 승인한 이래, 1000년 이상 명맥을 유지하였다. 동로
마의 황제는 군주인 동시에 교회의 수장이었다. 이들은 교회를
부흥시키고 로마제국을 재건시킨다는 명분으로 정벌에 나섰고,
북아프리카, 시칠리아 섬과 이탈리아, 스페인 남부를 회복하기
도 했다. 그러나 주변 지역을 군사적 문화적으로 압도하던 서로
마와는 달리 동로마의 국제적, 정치적 환경은 그리 녹녹하지 않

았다. 사산조 페르시아, 이슬람 아랍제국, 불가르 왕국, 흑해 건너의 루스 세력 등 콘스탄티노플을 무너뜨리고자 하는 세력은 너무 많았다.

동로마 제국의 수도 콘스탄티노플은 몇 차례 침략을 당했지만 완전히 정복된 적이 한 번 있었는데, 그것은 1204년 제4차 십자군 원정 때였다. 이슬람 지배하에 있던 예루살렘을 회복하기 위하여 출발한 기독교도들로 구성된 십자군은 오히려 콘스탄티노플을 약탈하고 라틴제국을 세웠고, 동로마제국은 그리스의 작은 국가로 갈라졌다. 이들 그리스 국가들은 연합하여 라틴 제국에 대항했고, 1261년 마침내 니카이아제국이 라틴인들로부터 콘스탄티노플을 재탈환했다. 그 이후 2세기 동안 세력이 대폭 약화된 동로마제국은 강력한 오스만제국의 끊임없는 위협에 직면해야 했다. 특히, 오스만 1세와 오르한 1세에 의한 팽창이 이어지며 아나톨리아(지금의 터키) 서부의 영토를 이들에게 빼앗긴 것은 중대한 타격이었다. 제국의 중심영토였던 아나톨리아를 완전히 상실한 동로마는 오스만의 세력을 막을 수 있는 힘이 없었다. 15세기 제국의 영토는 콘스탄티노플, 펠로폰네소스 일부, 흑해 연안의 트라페주스제국으로 줄어들어 있었다.

1453년 5월 29일 동로마제국은 수도인 콘스탄티노플이 오스만 제국에게 점령당하면서 종말을 맞이한다. 오스만제국은 콘스

1453년 콘스탄티노플 공격을 위하여 출정하는 술탄 메흐메트 2세, 그의 나이 21세였다.

탄티노플 정복 전쟁에서 승리하며 동지중해 및 발칸반도로 진출할 중요한 거점을 확보하며, 이슬람의 맹주가 된 것이다. 콘스탄티노플 함락에 관한 이야기는 (《로마인 이야기》, 시오노 나나미)의 '전쟁'에서 한 권을 차지하고 있고, (《술탄과 황제》, 김형오)에도 재미나게 소개되어 있다. 그전에 콘스탄티노플을 제외한 옛날 그리스 영토의 대부분과 아시아 지역 아나톨리아를 복속시킨 오스만의 술탄 바예지드 1세는 보스포루스 해협의 아시아 쪽에 거대한 요새인 아나돌루 히사르를 건설하였다. 또한 그의 증손자 술탄 메흐메트 2세(영어 : 메메드 2세)는 성벽 바깥의 유럽 쪽 해협에 두 번째 요새를 세워 도시를 에워싸며 위협하고 있었다. 콘스탄티노플은 동방 정교회와 로마 가톨릭의 통합을 조건으로 서방에 도움을 요청했으나 이는 성공적이지 못하였다. 1054년 동방 정교회와 로마 가톨릭의 분열 이후 로마 가톨릭은 끊임없이 재통합을 추구해왔었다. 실제로 1274년 리옹에서 통합 시도가 있은 이후로 몇몇 비잔티움 제국의 황제는 로마 가톨릭을 받아들였으나, 콘스탄티노플에서 연일 반대 시위가 벌어지면서 국론은 분열되었다. 제4차 십자군 원정 시 콘스탄티노플 점령에서부터 촉발된 그리스인과 이탈리아인들 간의 오래된 민족 감정으로 인하여 통합은 무산되고 말았다. 유럽도 동로마제국을 도울 수 있는 형편이 아니었다. 영국과 프랑스는 백년전쟁으로 약해져 있었고 이베리아 반도의 왕국들도 이슬람을 몰아내기 위한 레콩키스타의 막바지에 있었다. 몇몇 북부 이탈리아의 도시국가에서 군대를 보내긴 했지만, 그들의 원조는 오스만 제국의 전력에 비하여 너무나 미미한 정도였다.

1451년 다시 술탄의 지위에 등극한 메흐메트 2세는 재상 할릴 파샤의 반대를 물리치고 출병하며 콘스탄티노플을 함락시키기로 결심하였다. 1453년 당시 동로마제국의 군사는 대략 7,000명으로 그중 2,000명은 용병이었다. 콘스탄티노플은 약 20km의 성벽으로 둘러싸여 있었는데 육지에 면한 5.5km의 테오도시우스 성벽, 금각golden horn만과 면해 있는 7km의 해안 성벽, 마르마라 해와 면한 7.5km의 성벽은 당시 최고로 굳건한 성벽이었다. 술

탄은 처음 테오도시우스 성벽을 공격하여 성을 함락시키기로 결
정하였다. 이 성벽은 콘스탄티노플에서 유일하게 바다로부터 보
호받지 못하는 성벽으로, 복잡한 일련의 두터운 성벽과 해자로
이루어져 있었다. 공격하는 오스만의 병력은 예니체리군 1~2만
명을 포함하여 전체 8~20만 명 정도였다. 오스만은 헝가리 출신
우르반이라는 대포 제작 전문 기술자를 고용했다. 당시 대포는
비교적 신무기에 속했는데, 그는 석성을 바로 공격할 수 있는 큰

 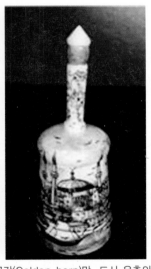 

좌 : 간략화한 콘스탄티노플 지도. 위쪽은 금각(Golden horn)만, 도시 우측의 좁은
　　바다가 아시아와 유럽 대륙을 가르는 보스포러스 해협이다. 콘스탄티노플은 금
　　각만 입구에 큰 쇠사슬을 설치하여, 오스만 선박의 진입을 막았으나, 술탄은 건
　　너편 갈라타의 언덕으로 배를 우회시켜 성벽을 공격하였다. (출처:《술탄과 황제》
　　의 저자인 김형오의 문화카페 -'형오가 만난 세상')
우 : 낙타의 뼈로 만든 아야소피아 기념종과 갈라타 타워 주석 종. 2014, 터키.

대포를 제작했다. 대포는 길이가 8m가 넘고 직경은 75cm 가량이며, 544kg의 포탄을 거의 1.6km까지 날려 보낼 수 있었다. 방어하는 콘스탄티노플의 대포는 규모가 훨씬 작고 반동이 커서 발사 시에 오히려 성벽에 파손을 가져왔다고 한다.

오스만제국군은 1453년 4월 2일, 부활절 다음날 도시 외곽에 진을 쳤다. 메흐메트 2세는 멀리 떨어진 주조 공장에서 만들어 둔 대포로 공격을 시작했다. 이 대포들 중 큰 것은 90마리의 소와 400명의 병사가 240km를 끌어왔다고 한다. 대포를 만든 우르반은 먼저 콘스탄티노플 황제를 찾아가서 이 기술을 제안했으나, 형편없는 조건을 제시하자 오스만제국의 술탄에 기술을 넘겼다고 한다. 그러나 몇 주에 걸친 엄청난 포격에도 성벽은 좀처럼 뚫리지 않았는데, 대포의 조준이 부정확했고 한 번 발사 후 재충전에 많은 시간이 소요되었으므로, 동로마군은 그 동안 성벽을 보강하였기 때문이었다. 콘스탄티노플은 금각만 입구에 강력한 쇠사슬을 설치하여 배의 출입을 철저하게 봉쇄하고 있었다. 술탄은 만으로 진입하여 내부 바다를 방어하던 해군을 제압하고, 성벽을 바로 앞에서 공격하기 위하여 이를 우회하기로 한다. 그들은 금각만 북쪽면 해발 60m의 갈라타 언덕에 기름칠한 통나무를 놓고 불과 이틀 만에 그 위로 함대를 굴려서 금각만으로 들여보냈다. 이로써 제노바의 공급선들이 섬멸되었으므로 콘스탄티노플 병사들의 사기가 떨어졌고, 적은 병력을 금각만과 성벽으로 분산하여 방어해야만 했다.

이어서 오스만 군대는 성벽 쪽으로 대대적인 정면 공격을 감행했으나 엄청난 손실을 내고 퇴각하였다. 5월 중순부터 성벽 아래로 터널을 파 성벽을 뚫으려고 시도하였다. 방어군은 기술자 요하네스 그란트를 고용하여 반대 방향에서 터널을 파고 들어가 오스만 군을 격퇴하였다. 5월 16일 첫 번째 터널을 발견한 이후, 차례대로 여러 터널들을 발견하여 화약으로 공격하였고, 포로로 잡은 오스만 장교들을 고문하여 모든 터널의 위치를 알아내어 오스만 군을 모두 격퇴하였다. 조급해진 오스만 황제는 성의 정복에 많은 보상금을 걸었으나 별 효과가 없었고, 공성기攻城機로 성벽을 올라갔으나 방어군들이 공성기가 성벽에 붙기 전에 미리 태워버리는 바람에 무산되었다.

5월 24일은 보름달이 뜨는 날이었으나, 그날은 개기월식이 있었다. 달은 콘스탄티노플의 상징이기도 했는데, 사람들은 이를 도시가 패망할 징조라고 여겼다. 콘스탄티노플에는 첫 황제의 이름과 같은 사람의 다스리는 동안에 멸망한다는 전설도 퍼져나갔다. 당시의 황제는 콘스탄티누스 11세로서 제국의 초대 황제 콘스탄티누스 1세와 같은 이름이었다. 또한 며칠간 엄청난 천둥번개가 퍼부었고 짙은 안개가 자욱했다. 이 모든 것이 바로 이 도시가 패망할 불길한 징조로 여겨져서 방어군의 사기가 엉망이었다. 5월 29일 술탄의 총공격이 시작되었다. 제1공격은 5만여 명의 비정규군 부대였다. 이 비정규군은 무장도 전투력도 형편없었지만 그래도 무지막지하게 밀고 들어와 방어군을 지치게 만들었다. 이 비정규군이 퇴각하자, 오스만제국의 정규군인 아나톨리아 군단의 파상공세가 이어졌다. 도시 북서쪽의 약한 성벽에 집중된 공격으로 점차 도시의 방어선이 무너져갔고, 쉴 틈도 주지 않은 채 총으로 무장한 술탄의 정예부대인 예니체리의 공격이 제3차로 이어졌다. 술탄은 일종의 폭력배 집단인 바시 - 바주크들을 앞에 내세웠고 그들이 전멸하자 예니체리들을 투입한 것이다. 예니체리들은 빗발치는 화살과 탄환 속에서도 질서정연하게 진군하였고 동료가 쓰러지면 뒤에 있던 병사가 바로 그 자리를 채웠다. 이때 동로마군의 제노바 용병대장 주스티니아니 장군이 부상을 당해 후방으로 후송되었고, 제노바 용병들의 전열은 무너져버렸다. 결국 예니체리들이 물밀듯이 성벽을 치고 들어와, 성벽 탑에 오스만제국의 깃발을 꽂는다. 일단 방어선이 무너지니 모두는 앞을 다투며 퇴각하였고 오스만 군대는 성문을 열고 밀려들어왔다. 콘스탄티누스 11세는 황제의 상징인 자줏빛 망토를 벗어던지고 마지막 병사들을 이끌고 오스만제국 군으로 돌진했으나, 그와 함께 제국의 운명도 전설이 되었다.

좌 : 성벽 전투.
우 : 백마를 타고 예니체리들과 콘스탄티노플에 입성하는 메흐메트 2세.

성내로 진입한 투르크의 군대는 급속히 도시로 퍼져 나갔다. 술탄은 도시가 완전히 폐허가 되는 것을 원하지 않았기 때문에 중요한 건물에는 미리 호위병을 보내어 파괴를 막았다. 투르크 병사들은 하기아 소피아 대성당 앞쪽에 있는 황제의 광장으로 몰려들었다. 대성당에는 수많은 시민이 몰려들어 나중에 수호성인이 자신들을 구원해줄 것이라고 믿고 피신해 있었다. 술탄은 전통적으로 병사들에게 3일간의 약탈을 허락하였으나, 약탈이 너무나 파괴적이어서 하루 만에 약탈을 중지시켰다고 한다. 투르크 병사들은 반항하는 사람은 죽이고, 저항하지 않은 자들은 노예로 삼았다. 당시 4만 명의 도시 인구 중에서 4000여 명이 살해당하였다. 또한 술탄은 군대의 출정을 반대하였던 오스만의 재상 할릴 파샤를 동로마에서 뇌물을 받은 죄로 처형하게 된다. 백마를 타고 콘스탄티노플에 입성한 술탄 메흐메트 2세는 감격스러워하며, 아름다운 이 도시를 재건하여 오스만제국의 새로운 수도 이스탄불로 선포하게 된다. 도시의 상징 '성 소피아 성당'도 파괴하지 않고 기독교 성화에 덧칠을 한 상태로 유지하며 '아야(터키어: 성스럽다는 뜻) 소피아' 라는 이름의 모스크로 개조할 것으로 명한다.

동로마제국을 멸망시킨 오스만투르크제국은 먼 훗날 1차 세계대전에서 패전한 후 쇠락할 때까지 이슬람교를 수호하는 중동의 대국으로 유럽과 아시아를 호령한다. 콘스탄티노플이 함락당한 것은 서유럽인들에게 큰 충격을 주었다. 천 년 넘게 그리스 - 로마의 문화를 간직해온 동로마제국의 멸망으로 많은 그리스인들이 이 도시를 떠나 서유럽으로 망명했고 그들이 가져온 지식과 문서들, 고대 그리스-로마의 전통이 이탈리아를 중심으로 르네상스를 꽃피우는 원동력이 되었다. 역사학자들은 이 도시의 함락을 중세를 마감하고 르네상스 시대를 여는 중요한 사건으로 보고 있으며, 아울러 이 시점을 근대의 시작으로 본다 (참조: '콘스탄티노플 공방전', 《전쟁 세계사》, 김성남 저, 뜨인돌 펴냄)

예니체리 지휘자와 병사. 예
니체리는 술탄의 직할부대인
용맹한 정예 병사였다.

오스만 군대의 최전선에서 병사들을 독려하던 세계 최초의 군악대 메흐테르.

메흐메트 2세1432년 3월 30일 ~ 1481년 5월 3일는 오스만 제국의 제7대 술탄이며, 1444 ~ 46년까지 짧은 기간 통치하다가 퇴위되고, 1451년에 다시 즉위하여 1481년까지 집권하였다. 그는 22세에 콘스탄티노폴리스를 함락하고 동로마제국을 멸망시켰으며 오스만제국의 판도를 대폭으로 넓혀 '정복자Fatih'라 불렸다. 그는 발칸반도에서는 베네치아 공화국 등 유럽의 여러 나라와 싸워 펠로폰네소스반도와 세르비아를 정복했다. 이후 현재의 터키 국토라 할 수 있는 아나톨리아 전부를 정복했고, 1475년 크림반도의 몽골제국의 후예국가 크리미아 칸국을 복속시키며 흑해를 오스만제국의 바다로 만들었다. 30년에 걸쳐 두 번의 치세로 콘스탄티노플과 발칸반도의 여러 왕국, 아나톨리아의 튀르크계 여러 세력이 차례로 정복되어 강대한 오스만제국이 건설되었다. 모스크와 상업 시설 등의 인프라를 건설해 도시를 부활시키는 데 심혈을 기울였고, 제국의 중앙집권적인 통치기구들도 정비하였다. 그는 이스탄불에 무슬림을 대거 불러 모았고, 동방 정교회 교도와 서방으로부터 온 가톨릭교도, 아르메니아 정교도나 유대인들도 함께 살게 했다.

메흐메트 2세는 페르시아어로 시를 짓고, 아라비아어로 풀이할 정도로 경건하고 교양 있는 무슬림이었다. 그러나 전통적인 이슬람 문화만을 고집하는 마음을 갖지 않아 이탈리아의 인문학

상아로 만든 술탄 탁상종. 1900년경 제작, 높이 15cm, 프랑스 구입.

자와 예술가를 모았고, 자신의 초상화를 베네치아 출신의 화가
젠틸레 벨리니에게 그리게 하는 등 고전적 이슬람 술탄의 이미
지에 머물지 않은 국제 감각을 지닌 제국의 군주였다.

2000년대 초에 캐나다의 종 수집가에게서 상아를 깎아 이슬람
술탄을 조각한 멋진 탁상종을 구입하였다. 나는 카펫에 앉아서
명상을 하는 술탄의 모습에서 도도하고 용맹하였던 젊은 술탄
메흐메트 2세를 떠올렸다.

캘리포니아의 개척 길
카미노 레알

'옛길'이 다시 각광을 받고 있다. 많은 사람들이 옛 길을 찾아 떠나고 있고, '실크로드'와 '만리장성' 뿐만 아니라 최근에는 남미 잉카의 옛길인 '카팍난'도 영원히 보존해야 할 유네스코 세계문화유산으로 등록되었다. 스페인 '산티아고 순례길'과 우리나라의 '올레길'은 힐링을 위해 걷는 영혼의 안식처가 되고 있다.

엘 카미노 레알El Camino Real, 왕의 길은 스페인 말로 도로(길)를 뜻하는 카미노와 왕을 의미하는 레알영어 royal의 합성어로 왕과 총독의 관할 하에 있던 도로는 모두가 '카미노 레알'이다. 즉 스페인과 스페인의 식민지하에 있는 모든 도로들을 총칭하여 '왕의 도로'라는 카미노 레알로 불렀다. 그러므로 스페인이 잉카를 정복한 뒤에는 이미 오래 전부터 있던 옛 도로 '카팍난'도 스페인의 관할이 되어 '카미노 레알'로 서구에 알려졌다. 식민지 멕시코의 은을 스페인으로 반출하던 도로는 '카미노 레알 티에라 아덴트로(내륙의 도로)'라 불렸다. 많은 카미노 레알 도로들을 구별하기 위하여, 도로가 지나는 지역이나 특산물 명칭을 뒤에 붙이기도 했다.

좌 : 1903년 엘 카미노 레알 지도, UCLA 소장.
우 : 미국 고등학교 스페인어 교과서 표지, Jerrett & McManus 편. 1953.

미국 서부 캘리포니아의 '엘 카미노 레알'은 스페인 식민지 시대에 만들어졌다. 멕시코의 바하 캘리포니아에서 시작되어 북쪽으로 향하는 개척 도로였다. 이 도로의 많은 구간이 사라진 오늘날에는 이 길을 따라 건설되었거나, 주행하는 역사적인 도로들을 이렇게 부르고 있다. 사실 멕시코가 스페인에서 독립한 뒤, 캘리포니아를 포함한 멕시코의 도로는 더 이상 카미노 레알이 아니다. 그러나 20세기 들어 옛 선교 활동이 재조명되면서 사라졌던 '카미노 레알'도 다시 관심을 끌었고, 옛날 명칭은 다시 부활하였다.

미국 서부 캘리포니아의 역사는 '미션선교원, mission'으로부터 시작한다. 예수회와 프란체스코회 선교사들은 멕시코에서 캘리포니아로 올라가며 종교적 전초기지인 미션들을 건설했던 것이다. 카미노 레알은 옛 캘리포니아에 프란체스코회 수도승들이 개척한 21개의 미션들을 연결하던 길이다. 옛 캘리포니아Alta California의 카미노 레알은 스페인 개척대에 의하여 확립된 두 개의 길이었다. 처음은 후니페로 세라Junipero Serra 신부의 프란체스코회 선교단들도 포함된 1769년의 탐험으로 개척되었다. 세라 신부는 로레토에서 출발하여 샌 디아고 근처에 첫 미션을 수행한 뒤 거기에 머물렀다. 그러나 같은 팀의 '포르토라' 등은 해변을 따라 북쪽으로 탐험을 계속하여 샌프란시스코 만까지 진출하였다. 두 번째의 1775년 데 안자de Anza의 탐험은 남서쪽에서 콜로라도 강을 건넜고 산 가브리엘 미션에서 앞의 길을 만나 캘리포니아로 들어갔다. 이는 내부 협곡을 지나 샌프란시스코 반도의 동부에 도달하는 비교적 수월한 길이었다. 오늘날 미국의 101번 국도에 해당된다.

18세기 후반과 19세기 초에 샌디아고부터 샌프란시스코에 사이에 건설된 미션들은 목적이 있다. 이곳 원주민들을 종교적으로 교화시켜 '신 스페인'의 시민으로 만드는 것이었다. 프란체스코회 수도사들은 미션과, 주민 부락푸에블로 pueblo 및 요새프레시디오 presidio를 건설하였고, 이들 간의 통행을 위하여 '카미노 레알'을 개척한 것이었다. 동시에 캘리포니아 땅에 스페인의 영향력을 확고하게 하려는 목적도 있었을 것이다. 첫 미션은 1769년 세라 신부가 설치하였고, 마지막 미션은 1823년 캘리포니아가 미국으로 편입되기 불과 27년 전에 건설되었다. 수도승들의 전도 활동은 매일 말을 타고 '카미노 레알'의 황량한 들판 길을 걷는 일이었다. 노새와 조랑말이 하루에 걷던 거리인 30마일을 기준으로 샌디아고에서 북쪽 소노마까지 900㎞의 거리를 나누어 21개의 미션을 세웠다. 미션은 예배를 위한 교회, 일터와 마당 등으로 구성되었는데, 진흙과 짚으로 만든 구조는 자연재해에 취약하였다. 미션들은 19세기 이후 사람들과 격리되어 관심에서 멀어졌다. 지진으로 큰 손상을 입기도 했다. 20세기 들어 캘리포니아의 스페인 유적들이 관심을 받게 되면서, 미션들은 복원되었고 현재는 대부분이 가톨릭 교회로 쓰이게 되었다.

산 페르난도 미션. 1925년, 로욜라 메리마운트대학 소장 사진.

18세기 스페인 수도승들은 샌디에이고, 로스앤젤레스, 센트럴 코스트, 샌프란시스코 등지로 왔다. 그들은 1,600km가 넘는 해안의 인디언 마을에 기독교를 전도하며 서양 문물을 전파하였다. 스페인의 제국주의 야망에 선교사들의 종교적 염원이 더해지며, 인디언들은 오랜 세월에 걸쳐 점차 동화되어 갔다. 수도승들이 캘리포니아에 세운 미션들을 중심으로 황야는 농토로 변모하고 도시로 발전하며 오늘의 캘리포니아가 된 것이다.

후니페로 세라(1713 ~ 1784)는 첫 미션을 포함한 초기에 건설된 9개의 미션을 설치한 신부로서, 캘리포니아 개척의 선구자로 추앙받고 있다. 스페인에서 태어나 멕시코로 파송된 프란체스코회 신부인 그는 37세인 1749년 다수의 수도승들과 선교를 위하여 캘리포니아로 갔다. 그는 9년 동안 인디안 선교에 헌신하고, 멕시코시티로 돌아왔다. 54세이던 1767년에는 상부 캘리포니아 선교의 책임자가 되어 다시 샌디아고로 파송된다. 그는 그곳에 설치한 미션에 머물며 전도에 힘쓰다가 71세에 사망하였다. 그는 평생을 경건하고 절제된 삶을 살았고, 스스로에게 가혹할 정도로 고통을 가하면서 자신을 경계하며 살았다.

세라 신부의 전도에 관련된 이야기가 전해진다. 처음 인디언 부락을 방문하였을 때, 주민들은 그의 방문을 반기지 않았다고 한다. 어느 날 역병이 돌던 지역을 방문하였는데, 주민들은 모두 그의 방문을 거절하였다. 그러나 그는 환자들을 찾아가서 기도하고 치유의 설교를 하였다. 그가 다녀간 후, 그 부락에서는 세라 신부의 설교를 거부하던 한 명의 환자 외에는 모든 환자가 회복이 되었으므로 그의 기적은 소문으로 전해졌다. 이후 그의 전도는 원주민들의 호응을 얻으며 큰 성공을 거두었다. 그의 모습은 미국의 우표에서도 볼 수 있다.

Ruins of the Mission San Carlos Borromeo — 1882

후니페로 세라 신부와, 그가 마지막까지 거주하였던 카를로스 보로메오 미션의 1882년 모습.

　19세기 초에는 카미노 레알을 통한 사람들의 왕래가 계속되었으나, 남북으로의 화물 및 장거리 승객의 수송은 이 길보다는 오히려 수상으로 이루어졌다. 19세기 말에는 국지적으로는 이 길들이 활발하게 이용되었으나, 전체적인 이동 통로가 되지는 못하였다. 점차 그 경로가 불분명해졌으며, 이에 따라서 사람들의 관심도 줄어들게 되었다.

　20세기 들며 이 길은 다시 주목을 받게 된다. 자동차 시대가 도래하면서, 소수의 부유층을 중심으로 이 길을 기본으로 자동차 통행이 가능한 도로망을 건설하자는 의견이 대두된 것이다. 한

편으로는 스페인의 식민지 캘리포니아가 문학에서 '낭만의 천국', '지중해 풍의 피정지'로 묘사되며, 그 시대를 재조명하자는 운동이 일어났다. 시골 성당으로 쓰이고 있거나 이미 폐허로 변한 미션들은 그 시절을 추억할 수 있는 관광지가 될 수 있다고 하였다. 그들은 '카미노 레알'에 강력한 종교적인 의미를 부여하였고, 미션에서 미션으로 이동하던 수도승들의 행적에서 감동적인 이야기들을 발굴하기 시작하였다. 당시 이 도로는 퇴락해가던 도로였으나, 낭만적인 식민지 시대의 모습으로 되돌리기 위하여 감동적인 사연이 더해졌다. 건축물들은 새로 단장되기 시작하였다. 1910년에는 카미노 레알의 경로를 따라 포장도로 건설이 시작되었다. 그러나 건설은 늦어졌고, 완성된 길도 오랫동안 원시적인 모습의 도로였다. 이 길에는 진흙탕에 빠진 자동차를 구해 주는 구조팀이 운영될 정도였으나, 1920년대에 결국 고속도로 건설이 완성되었다. 지금의 미국 101번 국도와, I-5 고속도로, 82번 국도 등은 이 길 위나 이 길을 따라 건설된 도로이다.

20세기 초, 시민운동가들은 이 역사적인 도로를 사적史蹟으로 지정하고 동시에 이 도로에 특별한 표지를 설치하기로 결정하였다. '카미노 레알 협회'가 지원하여 길을 따라 전설적인 미션의 종을 복제하여 설치하기로 한 것이다. 종은 미국 여성 종 제작자인 포브스ASC Forbes부인이 디자인하였다. 1906년 첫 번째 '엘 카미노 레알종미션 벨, mission bell'이 로스앤젤레스 플라자 교회 앞에 설치되었고, 이후 8년간 이 길을 따라 1~2마일마다 합계 450개 가량의 종이 설치되었다.

가장 먼저 설치된 LA의 엘 카미노 레알종과 공장에서 설치 준비 중인 종.

'미션 벨'에는 '1769'와 '1906'이라는 글자가 새겨졌는데, 1769년은 샌디아고에 첫 미션이 설립된 해이고, 1906년은 로스앤젤레스에 첫 미션 벨이 설치된 해를 의미한다. 미션 벨은 높이가 3.4m, 직경 7.5cm의 금속 파이프에 지름 46cm의 종이다. '프란체스코의 지팡이'라는 끝이 굽은 쇠막대기에 종을 매달아서 자동차 운전자들이 그 길에 있음을 알도록 하였다. 1920년부터 남캘리포니아 자동차 클럽이 이 시설물을 관리하였고, 1933년 이후는 주정부가 이를 관리하고 있다. 그러나 이후 미션 벨들은 약탈과 사람들의 인위적인 파손, 그리고 도로 코스의 변경이나 공사로 사라져 갔다. 한때는 전체 수가 80개로 감소하였다고 한다. 결국 캘리포니아 도로 교통국은 1996년부터 샌디아고에서 샌프란시스코까지의 카미노 레알 전 구간에 550개의 종들을 다시 설치하였다. 미션 종들은 지금도 원래의 모습을 유지하며, 운전자들을 안내하고 있다.

미션 벨을 제작하였던 포브스 부인은 1914년 캘리포니아 종 회사를 설립하고 방문 기념품과 수집가들을 위한 미니어처 종들도 제작하였다. 미션 벨을 복제한 28cm의 모형 종은 여행객들의 기념품뿐만 아니라 선반이나 책상, 교실의 장식품으로 판매되었다.

카미노 레알을 보존하려는 미국의 노력을 보며, 전국에서 물자를 나르고, 과거를 보기 위하여 봇짐을 지고 한 달씩 걸어 한양으로 향하던 우리의 옛길들은 어떻게 되었을까? 하고 생각해 본다. 문화가 우리에게 새로운 생명을 부여하고 있으며, 과거는 또 다른 미래가 될 수 있다.

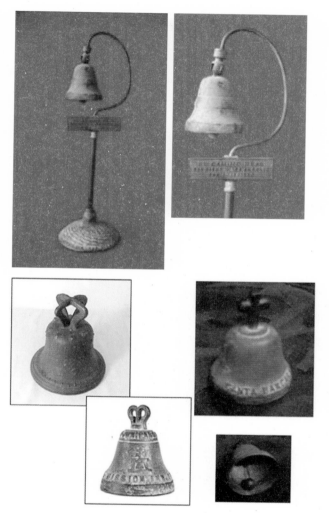

위 : 엘 카미노 레알 미션 벨, 높이 28cm.
아래 : 다양한 형태의 미션 벨 기념품 종.

이 세상에 자유가 다시 탄생할 것이다
베를린 자유의 종

유사 이래 국가 간의 전쟁에서 최종 승리는 적국의 수도를 점령하는 것이었다. 베를린은 오랫동안 독일의 수도였으므로, 2차 세계대전의 말기로 갈수록 연합군의 집중 공격을 받았다. 도시는 공습과 포격으로 초토화되었고, 전쟁 전 460만 명이던 베를린 시민은 1945년에는 280만 명으로 감소하였다. 소련군은 스탈린그라드 겨울 전투에서 승리한 뒤 계속하여 독일로 진군하였고, 가장 먼저 베를린을 점령하였다. 이탈리아를 지나 독일 남부로 진출한 미군과 서부 유럽을 거쳐 독일로 진입한 미국·영국·프랑스 연합군은 2개월이 지나서야 베를린에 진입하였다. 보급이 원활하지 못했던 점령군 소련 병사들은 연합군이

들어오기 전까지 약탈과 강간을 자행하여, 베를린 시민들의 분노를 샀다.

2차 대전 승전국들은 포츠담 회담에서 전쟁 후 독일을 분할 점령하고, 동부 지역에 위치한 수도 베를린은 별도로 다시 분할하기로 결정하였다. 그러나 전후 소련과 미국·영국·프랑스 3국의 베를린 점령 정책이 서로 대립하면서, 베를린은 결국 동서로 양분되었다. 서베를린은 미국·영국·프랑스 3국이 점령하던 지역을 통합하여 형성되었고 소련의 점령 지역은 동베를린이 되었다. 동독은 서독 영토인 서베를린을 인정하지 않았고, 그들의 지도에도 별도의 표기를 하지 않았다. 동베를린은 계속 동독의 수도가 되었지만, 서독은 본을 행정 수도로 삼았다.

분단된 베를린

2차 세계대전 후 전승국 미국, 영국, 프랑스, 소련에 의한 독일과 베를린의 분할 지도. 출처, 위키피디아.

전후 서독에서는 미국의 마셜플랜의 원조로 착실하게 복구가 진행되었고, 1948년에는 화폐개혁이 단행되었다. 전쟁의 패배로 가치가 떨어진 독일 화폐에 대한 개혁이 필요하였을 뿐만 아니라, 당시 독일 조폐창을 장악한 소련이 3개 연합국의 동의 없이 독일 화폐를 마구 발행하여 마르크화의 가치가 더욱 떨어졌기 때문이었다. 새 화폐가 베를린에서도 통용되자 소련은 동베를린이 흡수될지 모른다는 위기의식으로, 1948년 6월 24일 전격적으로 연합군과 서독인의 베를린 출입을 봉쇄시켜 서베를린을 서독으로부터 완전 고립시켰다. '베를린 봉쇄Berlin Blockade'라고 불리는 이 조치는 소련과 자유진영 간의 '냉전Cold War 시대'를 시작하는 역사적인 사건으로 기록된다. 종전 후 서독과 서베를린 사이에는 통행에 관한 협정은 없었으나, 전승 연합국 사이의 상호 신뢰에 의거하며 자유롭게 왕래가 이루어져 왔다. 그러나 소련이 갑작스럽게 모든 육상 및 수상 통행로를 봉쇄한 것이다. 당시 서베를린에는 36일분의 식량과 45일분의 석탄을 비축하고 있었다. 미국과 연합국은 종전 후 대부분 전투 부대를 해체하고, 병력 수를 감축하던 중이었다. 서베를린에는 미국·영국·프랑스 군인 2만 명 이하가 주둔하고 있었고, 서독의 미군도 전투요원 3만 명을 포함한 10만 명 미만이 주둔하였다. 반면 동독 및 동베를린 주둔 소련군 병력은 150만 명에 달하였다. 미국은 앞으로 전쟁이 발발하면 병력의 희생을 최소화하기 위하여, 초전에 원자폭탄으로 해결한다는 위험한 전략으로 병력을 삭감한 것이다.

소련은 베를린을 봉쇄하면 오랜 기간 전쟁에 시달렸던 서방 3개국이 서베를린을 포기할 것으로 판단하였다. 스탈린은 "영국이 점령한 영토에서의 영국 통치권은 서서히 약화될 것이고, 미국도 자기들 점령지에서 1~2년 이내에 철수할 것이다. 앞으로 독일은 통일된 공산주의 국가가 될 것이다."라고 연설한 바가 있었다. 서독 주둔 미군 사령관 클레이 대장은 "무력 충돌이 일어날 경우, 승산은 없지만 베를린과 유럽에서 미국이 떠나지 않을 것이다. 이는 유럽과 베를린을 수호하는 결의를 보여주는 상징이 되기 때문이다."라고 선언하였다. 유럽 주둔 공군 사령관은 전략 폭격기의 엄호 아래 지상군으로 베를린까지 밀어 붙이자고 주장하였으나 이는 포츠담회담의 파기이고, 핵전쟁의 위험성이 있었으므로 시행될 수 없었다.

생필품의 대부분을 서독에 의존하던 서베를린 주민들은 적진에 고립되는 절박한 상황에 놓이게 된다. 현실적으로 서방 3개국이 선택할 수 있는 방안은 별로 없었으나, 소련은 베를린으로 통하는 항공로는 막을 수 없었다. 소련과 연합군 사이에는 1945년 11월 서독과 베를린 간에 항공 통행을 보장하는 협정이 체결되어 있었기 때문이다.

1948년 베를린 공수작전 시 연합국 수송기의 물자 수송을 기다리는 시민들.

이에 연합국은 식량, 연료, 의약품 등을 공중으로 수송하는 '베를린 대 공수작전The Great Berlin Airlift'에 돌입하게 된다. 미국, 영국, 캐나다, 호주, 뉴질랜드, 남아공 조종사들은 전투기의 엄호하에 군용 수송기와 화물기로 매일 4,700톤의 식량과 생활용품을 서베를린으로 공수하였고 악천후 시에는 낙하산으로 공중 투하하였다. 소련군은 전투기로 위협 비행을 하거나 수송기의 추락을 시도하는 등 공수작전을 방해하였다.

시간이 지나자 베를린 시민들은 언젠가는 공수작전이 중지되고, 자신들이 소련 지배하에 남겨지는 것은 아닌지 불안해하였다. 소련군은 '공수작전은 곧 중지될 것이다. 서베를린 시민들은 동베를린으로 와서 식량 카드에 등록하면 식료품을 지원하겠다.'며 방송으로 선동하였으나, 시민들은 호응하지 않았다. 오히려 소련군의 만행에 항의하는 시위가 격화되었고, 소련 경찰이 시위 중 소련 적기를 찢은 시민을 사살함으로써 긴장이 더욱 증가되었다. 이러한 소식에 서방 세계는 서베를린을 지원하자는 운동이 일어났고, 미국은 의회의 결의로 거국적으로 공수작전을 지원하게 된다. 예산이 확충되었고, 늘어난 항공 수송을 지원하기 위한 기반 시설도 확장되었다. 다음 해 초에는 봉쇄 전의 육상, 수상 수송량을 합한 것보다 더 많은 양의 생필품이 공수되었고, 연합국은 전력의 우세를 바탕으로 공중 시위를 계속하였다.

1949년 초, 소련은 연합국의 물량 공세와 강력한 서베를린 사수 의지에 굴복하여, 봉쇄를 풀 용의가 있음을 표명하였다. 점령 4개국 대표 회담의 결과로 봉쇄가 된 지 312일 만인 1949년 5월 12일에 육로 봉쇄가 해제되었고, 8월 30일 모든 공수작전이 종료되었다. 공수작전에는 전체 27만 편 이상의 항공기가 투입되어 230만 톤의 물자를 수송하였다. 그러나 공수작전 중 25대의 항공기가 추락하고, 101명의 조종사가 희생되었다.

베를린 공수작전 중에 있었던 '어린이를 위한 과자 공수작전'도 유명한 일화이다. 연합국 조종사들은 비행기 꼬리를 흔들며 어린이에게 과자를 투하하였는데, 서베를린 어린이와 부모들은 이들에게 감사의 편지를 써서 보내기 시작하였다. 이 사연이 언론에 보도되면서, 미국 각지로부터 베를린의 아이들에게 전하는 과자와 초콜릿이 보내졌다. 서베를린에 투하된 과자의 양은 어린이들이 1년 이상을 풍족하게 먹을 수 있을 만큼 엄청난 물량이었다. 독일인들은 적국이었던 미국인이 전달하는 사랑에 감동하였고, 반면 가혹한 점령지 정책을 폈던 소련에 대한 혐오감은 더욱 커졌다. 지금도 독일 국민들의 미국에 대한 호감은 다른 어떤 나라보다 강하다고 한다. 이것은 이 당시 미국이 보여준 대가 없는 재건 사업 지원과 어려웠던 그들에게 보내준 사랑에 기인한다고 한다.

1961년 8월 13일 베를린 장벽의 건설.

베를린 봉쇄를 겪으면서, 서방의 소련 공산주의에 대한 반감이 매우 커지게 되었다. 1950년 미국민들은 공산주의자들과 투쟁하고 있던 베를린 시민들에게 '자유의 종The Liberty Bell, Freiheitsglocke'을 헌정하였다. 이 종은 미국 독립의 상징인 '자유의 종'에서 영감을 받아 제작된 것이다. 청동 몸체에는 햇불을 든 채 두 손을 마주 잡으며 자유를 갈망하는 세계인들의 모습이 조각되었고, 가장자리에 '신의 가호 아래 이 세상에 자유가 다시 탄생할 것이다. That this world under God shall have a new birth of freedom.'라는 글이 새겨져 있다.

무게 10톤의 청동 종은 영국의 길렛 & 존슨 주물 공장에서 제작되어, 미국으로 먼저 운송되었다. 미국에서는 21개의 도시를 돌며 거리 행진을 하였는데, 시민들은 '자유'를 연호하였다. 1,600만 명의 미국민들은 '자유의 종'을 앞세운 '세계 자유의 선언'에 서명을 하였고, 서명자 목록은 종과 함께 뉴욕을 떠나 베를린으로 보내졌다. 종은 1950년 유엔의 날인 10월 24일에 최종적으로 설치되었다. 종을 헌정하는 기념식에는 위험을 감수하고 소련 구역의 경계를 넘어왔던 10만 명의 동베를린 시민을 포함한 40만 명이 시청 광장에 모였다. 연합군 사령관 클레이 장군이 연설을 한 후, 스위치를 누르자 청동 종의 크고 깊은 울림은 동베를린과 동독으로 퍼져 나갔다. '자유의 종'이 설치된 이후, 이를 못마땅하게 생각하던 동독 공산당 정부는 종이 설치된 시청 광장에서 몇 마일 떨어진 곳에 큰 소음을 발생하여 종소리가 울려 퍼지는 것을 방해하였고, 이 종은 '자유의 종'이 아니라 '전쟁의 종', '기아의 종', '죽음의 종'이라고 자국민들에게 선전하였다. 동독 공산당 중앙위원 한스 젠드레츠키는 "죽음의 종의 손잡이 줄은 그 종을 치는 사람들에게는 교수대의 목줄이 될 것이

1950년 베를린 자유의 종 헌정식 장면과 독일 괴벨사의 도자기 '자유의 종'.

다."라는 험담을 하였다고 한다. 이에 대하여 서베를린 시장 에른스트 로이터는 "독일은 노예의 삶을 강요받고 있는 동유럽 국민들 위로 자유의 빛이 쪼여질 때까지 종소리를 절대 중지하지 않겠다."라고 선언하였다. 지금은 존 F 케네디 광장으로 이름이 바뀐 베를린 시청 청사 앞에는 매일 정오와 크리스마스, 그리고 새해 첫날 12시에 '자유의 종' 소리가 울려 퍼진다.

서독의 괴벨Goebel회사는 베를린 자유의 종을 원형으로 높이 9cm, 직경 9cm의 순백색의 도자기 자유의 종을 만들었다. 이 도자기 종은 동서 베를린 간의 군사 정치적 긴장감이 최대에 달하였던 1960년에 처음 제작되었고 1972년까지 판매되었다.

베를린은 1945년 이후 소련 공산주의와 미국 중심의 자본주의 국가들 간의 냉전의 전장戰場이 되었다. 특히 1961년 '베를린 장

1963년 케네디 대통령의 베를린 방문 연설.

벽'이 설치된 이후에는 한반도와 베를린에는 항상 일촉즉발의 긴장이 흐르는 곳이었다. 정치가들도 서베를린을 방문하고, 역사에 기록된 연설을 남겼다. 1963년 6월 26일 미국의 케네디 대통령은 시청 광장에서 "나도 한 사람의 베를린 시민입니다. Ich bin ein Berliner"라는 연설을 하였다. 베를린 장벽이 설치된 지 22개월 뒤였는데, 그는 독일 국민과 베를린 시민들에 대한 미국의 무한한 지원과 연대감을 표현한 것이다. 냉전의 막바지이던 1987년 레이건 대통령은 베를린 장벽 앞에서 "이 장벽을 허무시오! Tear down this wall!"라며 냉전의 종식을 호소한 바가 있다.

독일 제국주의와 민족주의를 외치던 광란의 함성
베를린 올림픽

　　우리에게는 손기정 선수의 마라톤 우승과 이어진
일장기 말소 사건으로 더 유명한 1936년　베를린 올림픽은 인종
차별이 횡횡하고 전쟁 에너지가 폭발하기 직전의 긴박한 분위기
에서 개최되었다. 베를린 올림픽의 주경기장에는 1934년 높이
77m의 종탑이 완공되었다. 철골 뼈대 위에 대리석 판으로 지붕
을 덮은 관측용 건축 구조물이었다. 종탑에는 올림픽을 기념하
는 무게 9.6톤의 청동 종이 걸렸고, 종체에는 베를린의 브란덴부
르크 문과 독일의 상징인 쌍두 독수리와 함께 올림픽 오륜기 문
양이 조각되었다. 청동 종의 가장자리에는 '제11회 베를린 올림
픽 게임. 1936년 8월 1~16일, 전 세계의 젊은이를 부른다 1~16

August, 1936. 11 Olympische Spiele Berlin. Ich Rufe Die Jugend Der Welt' 라는
문구가 새겨져 있다. 2차 세계대전 이후 베를린에 진주한 소련
군의 실수로 종탑 건물 내부에 심각한 화재가 발생하였고, 이로
인하여 건물의 안정성에 심각한 문제가 생겼다. 결국 1947년 영
국의 기술자들에 의하여 이 건물은 폭파, 해체되었다. 종탑에 걸
렸던 청동 종은 직접적인 손상을 입지는 않았으나 화재로 종탑
꼭대기에서 바닥으로 떨어지면서 금이 갔고, 이후에는 더 이상
명쾌한 종소리를 낼 수 없었다. 1956년 올림픽 종탑에 걸렸던 청
동 종은 수거가 되었으나, 방치되어 오다가 대전차포 사격 훈련
의 과녁으로 사용되는 처량한 운명을 겪었다. 그러나 견고한 청
동종은 포탄에 맞아서도 파괴되지 않고 살아남았으며 지금은 베
를린 스타디움 외부에 전시되어 그 시대를 말해주는 기념물이

좌·중 : 베를린 올림픽 경기장 종탑의 청동 종. 우 : 주경기장이었던 올림피아 스타디움.

되었다. 종탑 건물은 1960년 같은 높이로 재건축되었고, 4.5톤의 새로운 청동 종이 다시 걸렸다. 원래 크기의 절반 정도인 종에도 원래와 같은 문양과 글자가 새겨져 있다.

상 : 베를린 올림픽 기념 도자기 종.
하 : 종 모양의 저금통, KPM 도자기, 1936년.

여기에 소개하는 순백색의 도자기 종은 독일 베를린의 유명한 도자기 공방인 KPM Königliche Porzellan-Manufaktur에서 올림픽 종을 높이 12cm, 직경 10cm로 복제한 것이다. 올림픽 당시에 기념품 으로 판매되었다. 같은 디자인을 바탕으로 동전을 넣을 수 있는 종 모양의 저금통도 인기가 있었다. 깨끗한 백색 도자기가 본차 이나처럼 단단하며, 흔들면 청아한 소리가 울려 퍼지는 이 종에 는 무서울 정도로 강렬하였던 1930년대의 독일 제국주의와 민족 주의를 외치는 광란의 함성소리가 같이 묻어 있는 것 같다.

1931년 국제 올림픽 위원회는 1936년 하계 올림픽 개최지로 스페인 바르셀로나와 경합하던 베를린을 지명하였다. 이러한 선택은 제1차 대전 이후 국제 사회에서 고립되었던 독일이 다시금 국제 사회로 재등장하게 되는 계기를 마련해 주었다. 그러나 당시의 정세가 매우 불안하였으므로 올림픽이 개최되기까지에는 우여곡절이 많았다.

독일에서는 1933년 히틀러가 수상이 되었고, 민주주의는 유태인과 집시, 또 모든 정치적 반대파와 기타 세력들을 탄압하는 일당 독재 체제로 전환되기 시작하였다. 동시에 나치는 스포츠를 포함한 국민들의 일상생활 모든 영역을 국가에서 관리하기 시작했다. 스포츠는 아리아인들의 인종적 우월성과 신체적 용맹성을 증진시키는 데 집중되었고, '아리아인들 만으로' 의 정책이 스포츠에도 적용되었다. 유태인, 유태계 혼혈, 집시와 비아리아계 선수들은 독일 스포츠계에서 퇴출되었다. 세계는 독일의 민족 차별주의 정책에 대하여 공분하였고, 베를린 올림픽대회에 참가하는 것이 나치의 정책을 인정하는 것이라고 생각하기 시작하였다. 각국의 유태인 선수들은 개인별로 베를린 올림픽 불참을 선언하는 경우도 있었고, 미국의 유태인 선수와 의원, 그리고 유태인 노동위원회는 공식적으로 올림픽 보이콧을 지지하였다. 그러나 1935년 12월, 미국 아마추어 선수 유니온이 투표로 참여를 결정하자 다른 나라들도 동참하였고 보이콧 운동은 잠잠해졌다.
그러나 1936년 초에는 미국과 영국, 프랑스, 스웨덴, 체코슬로바
키아, 네덜란드에서 보이콧 운동이 다시 표면화되었다. 전통적
으로 올림픽에 가장 대규모의 선수단을 파견해 오던 미국이 가
장 강력하게 반대하였고, 일부는 '인민의 올림피아드People's
Olympiad'를 스페인 바르셀로나에서 개최하려고 계획하였다. 그
러나 이 대회는 1936년 7월 수천 명의 선수들이 도착하기 시작하
였을 때, 스페인 내전이 발발하여 취소되었다. 결국 미국과 유럽
국가들은 올림픽에 참가하기로 결정함으로써 나치와 히틀러의
인종차별적 전제주
의를 제재할 수 있는
기회를 포기하였다.
독일은 국제 여론의
악화를 진정시키기
위하여 올림픽 직전
에 1928년 암스테르
담 올림픽에서 금메
달을 획득하였던 유
태인 펜싱 선수 헬레
네 마이어를 독일 대

THE
XIᵀᴴ OLYMPIC GAMES
BERLIN, 1936

19회 베를린올림픽 포스터, 19개 언어로 배포되었다.

표 선수로 선발하였다. 그녀는 올림픽에서 은메달을 차지하고 시상대에서 나치에 경례하며 충성을 맹세하였으나, 유태인 차별 정책으로 결국은 올림픽 이후 다시 미국으로 쫓겨 갔다.

베를린 올림픽에는 49개국에서 약 4,000명의 선수들이 129개의 세부 종목에 참가하였다. 독일선수단(348명)이 최대 규모였고, 미국이 두 번째인 18명의 흑인선수를 포함한 312명을 보냈으나 소련은 참가하지 않았다. 식민지 한반도는 마라톤의 손기정과 남승룡을 포함하여, 축구와 농구, 복싱에서 7명이 일본 선수로 출전하였다. 농구, 카누, 핸드볼 경기가 처음으로 올림픽 경기에 포함되었다.

베를린 올림픽의 스타는 육상 경기에서 4개(100m, 200, 400m 계주, 멀리뛰기)의 금메달을 딴 미국의 제시 오언스였다. 오언스와 동료들은 남자 육상 경기에서 12개의 금메달을 휩쓸었고, 그들을 '검은 외인부대' 라 불렀던 나치 언론과 아리아 우월주의를 주창하던 독일에게 커다란 충격을 주었다. 처음으로 공식 종목으로 채택된 농구도 미국 팀이 우승하였다. 그러나 독일이 전통적 강세 종목이었던 체조, 조정, 승마 등에서 선전하며, 가장 많은 33개의 금메달을 얻었다. 미국은 24개를 획득했고, 헝가리, 이탈리아, 핀란드, 프랑스, 스웨덴, 일본, 네덜란드, 영국 순이었다. 일본이 얻은 금메달 6개에는 마라톤의 손기정 선수가 포함되어 있다.

이 대회부터는 처음으로 텔레비전을 통해 실시간으로 경기들이 방영되었다. 베를린 전 지역에 무료로 올림픽을 시청할 수 있도록 25개의 대형 TV 화면이 설치되었는데, 초기 기계식 모델이었기에 화질은 좋지 않았다고 한다. 베를린 올림픽 대회는 언론 보도 면에서 진보하여, 경기 결과는 텔렉스로 전송되었고 비행선은 유럽 도시로 뉴스 영화 필름을 날랐다.

시상대에 선 미국의 제시 오언스와 나치 경례를 하는 독일 선수.

제11회 베를린 올림픽 대회는 1936년 8월 1일 정치적 긴장이 감도는 가운데 히틀러의 개회 선언으로 시작되었다. 히틀러는 작곡가 리하르트 스트라우스가 지휘하는 악대와 열광적인 관중들의 환호 속에 입장하였다. 히틀러는 "스포츠맨십과 기사도로 무장한 경기는 인간의 최고 자질을 깨워줍니다. 서로 이해하고 존중하여 선수들을 단합시켜 줍니다. 또한 평화의 정신으로 국가들을 결속시킵니다. 이것이 올림픽 성화가 꺼져서는 안 되는 이유입니다."라는 개회사를 하였다. 개막식에는 그리스의 올림피아에서 채화된 성화가 봉송되었다. 성화 봉송은 암스테르담 대회에도 있었으나, 아테네 올림피아 신전에서 채화하여 올림픽 개최 도시까지 봉송한 것은 이것이 처음이었다. 독일은 올림픽을 통하여 그들을 고대 그리스와 연결시켜 우수한 독일 국민이야말로 고대 '아리아 민족' 문화의 유일한 계승자라고 알리고자 하였다. 아리아인의 영웅적 모습의 푸른 눈, 금발과 뚜렷한 얼굴 윤곽은 강조되었고, 이러한 인종차별적 선동은 올림픽이 끝난 뒤에도 계속되었다.

신축한 주경기장과 4개의 주요 경기장 등의 시설은 나치의 깃발과 상징물로 뒤덮여 나치 선전의 장이 되었다. 독일 국기는 하켄크로이츠가 들어간 나치당기가 사용되었으며, 대회장과 시내에 이 깃발을 게양하였다. 개회식에서 독일 대표팀이 입장할 때에 기수 뒤에 정복의 군 장교들이 행진하였으며, 몇몇 유럽 국가들도 로마식 경례를 하며 입장하는 등, 경쟁적으로 정치, 군사적 행동을 하였다.

개회식의 성화 봉송과 나치식 경례를 하고 있는 독일 관중.

　나치는 베를린 올림픽을 위하여 많은 준비를 하였다. 나치 정권은 올림픽을 통하여 외국 관중들과 언론들에게 평화를 사랑하는 인내심이 많은 독일의 이미지를 부각시키려 하였다. 국제 여론을 의식하여 올림픽 기간 동안에는 인종 차별 정책을 은폐하였고, 반유태주의 구호는 일시적으로 중지하였다. 1936년 7월 16일, 나치 경찰은 베를린에 거주하는 약 800여 명의 집시를 체포하여 교외의 특수 수용소에 감금하였다. 대부분의 관광객들이나 선수들은 나치 통치가 일시적으로 반유태주의 표지판을 철거한 사실이나 경찰이 집시들을 감금한 사실을 알지 못했다. 독일 선수들이 훌륭한 경기력을 보이며 많은 종목에서 메달을 차지하였고, 방문객들은 개최지 독일과 독일인들의 환대에 박수를 보냈다. 신문들은 올림픽 게임이 독일을 다시 국제무대로 돌아오게 했다고 보도하였으며, 뉴욕타임즈는 "독일을 더욱 더 인간적인 모습으로 다시 돌아오게 하였다."고 썼다.

그러나 올림픽의 종료와 함께 유태인에 대한 탄압이 재개되었다. 올림픽이 폐막된 지 불과 이틀 후, 올림픽 단지의 책임자 퓨에르스트너 대위는 자신의 조상이 유태인이라는 이유로 군대에서 강제 퇴역된 사실을 알고 자살했다. 독일 팽창주의 정책과 유태인 및 다른 민족에 대한 탄압은 그 수위가 높아져 갔고 홀로코스트 역시 정점을 향해 달려갔다. 3년 뒤인 1939년 9월 1일, 독일이 폴란드를 침공함으로써 유럽은 다시 거대한 전쟁터가 되어갔다.

1940년 대회는 일본 도쿄에서 개최될 예정이었으나, 일본은 중일전쟁과 국제 여론의 악화로 개최권을 반납했다. 헬싱키가 다음 개최지로 결정되었으나 전쟁이 장기화되었기에 취소되었다. 결국 2차 대전이 끝난 뒤 1948년이 되어서야 올림픽은 런던에서 다시 재개될 수 있었다.

올림픽이 시작된 지 한 세기가 지났다. 그러나 올림픽은 아직도 정치와 민족, 그리고 자본의 영향에서 자유롭지 않은 형편이니, 백 년의 세월이 흐르는 동안 진화한 것인지 퇴화한 것인지도 알 수 없을 정도이다.

특정 색깔의 보석을 달아 품계를 알게 하다
청나라의 모자 단추

　　　　　　1637년 1월 30일은 조선 역사상 가장 끔찍한 사건 중의 하나인 '삼전도의 굴욕'이 있었던 날이다. 명과 청(후금) 사이에서 줄타기 외교를 하던 광해군을 몰아내고 즉위한 인조는 청나라를 변방의 오랑캐라 하며 망해가던 명나라에 사대를 하였다. 1627년 정묘년 청의 침입(정묘호란) 시에는 임금이 강화도로 대피하여 장기전을 대비하였다. 이에 조선이 후방을 공격할 것을 걱정한 청나라는 강화를 제의하고, 형제의 화친을 맺은 후 철수하였다. 그러나 청 태종 홍타이지는 명나라를 정복하기 전 후방의 조선을 먼저 평정하여야 했다. 청군은 1636년 12월, 언 압록강을 건너 조선군을 대파하며 빠르게 남하하였다. 한양을 정복하고는 인조가 피난하였던 남한산성을 포위하게 된다. 마침내 1637년 이날 인조는 청 태종에게 항복을 하였다. 인조는 푸른 옷으로 갈아입은 뒤 백마를 타고 남한산성의 서문을 나와 삼전도 들판에서 항복 의식을 펼쳤다. 청의 신하가 되기로 하였으니 용포를 입을 수 없었고, 죄를 지었으니 정문으로 나올 수 없으며, 항복을 상징하는 백마를 타고 나온 것이다. 청 태종은 9층 계단 위의 수항단에 황색 장막과 양산을 펼쳐 놓고 용상에 정좌하여 인조의 도착을 지켜보았다. 인조는 '삼배구고두' 三拜九叩頭, 세 번 큰절을 하고 언 땅에 아홉 번 머리를 박으며 무릎을 꿇는 것의 예를 표하였는데, 이는 여진족이 천자를 배례하는 의식 절차였다. 인조는 청의 장수 용골대에게 머리를 찍는 것이 약하다는 질책을 받고 이마에 피가 나도록 땅바닥에 머리를 조아렸다. 청 태종은 항복 의식 도중에 고기를 베어 개에게 던져주었다. 항복한 조선을 개로 간주하고, 은혜를 베풀어 주는 의미로 개에게 고기를 던지는 치욕적인 의식이었다. 인조는 대국에 항거한 죄를 용서해 줄 것을 청하였고 청 태종은 조선 국왕의 죄를 용서한다는 칙서를 내렸다. 이후 청 태종은 조선의 항복을 기념하려는 뜻에서 지금은 서울 송파구인 삼전도에 '대청황제공덕비 大清皇帝功德碑'를 세우게 하였다.

병자호란에 출정하였던 청 태종 홍타이지.

만주인은 오래 전부터 여진女眞족이라 불려졌다. 여진족의 일부는 12세기에 화북지방으로 진출하여 흑룡강의 아무르 지방을 중심으로 금金나라를 세웠는데, 대부분은 만주에 정착하여 농업 위주로 생활하였다. 명나라는 만주를 간접 통치하였는데, 만주의 여러 부족에 대하여 서로 분열 정책을 취하였다. 임진왜란을 전후하여 만주에 대한 명의 통제력이 약해지자 여진 부족의 족장 누르하치가 다른 부족을 통일하고 1616년 스스로 한汗의 지위에 올라 국호를 후금後金이라 하였으니, 그가 청의 태조이다. 명나라는 후금을 제압하려 하였으나 오히려 대패하여 요하강 동쪽을 잃었다. 2대 왕인 태종은 먼저 명과 조선의 연합을 막기 위해 정묘년과 병자년 두 번에 걸쳐 조선을 침공한 것이다. 청 태종은 내몽골을 정복하고 1636년 황제의 위에 올라 국호를 대청大淸으로 고쳤다.

청나라가 부흥한 시기에는 명나라 궁정의 당쟁과 농민반란이 많았는데, 1644년 이자성의 농민 반란군은 드디어 북경에 진입, 명나라를 멸망시킨다. 이때 농민군에 의한 보복을 두려워한 명의 지배계급은 청군과 강화를 맺었고, 특히 주요 요새인 산해관山海關을 지키던 오삼계는 자진하여 청군에게 길을 열어주었다. 결국 태종의 아들 순치제가 이자성을 토벌하며 수도 북경을 함락, 중국 대륙의 지배를 선언하였다. 당시 만주를 정복한 만주족은, 피지배층 한족들로부터 오랑캐라며 극심한 저항과 멸시를 받았으므로, 이들을 제압하기 위하여 많은 한족을 학살하였다. 기록에는 양저우 한 곳에서만 약 80만 명이 학살되었고, 중국 인구는 1,600년에 1억2천~2억 정도에서 1650년에는 1억~1억5천 정도로 감소한 것으로 보인다.

그러나 청에 대한 한족의 저항은 멈추지 않아 옛 왕족 출신의 왕들이 '남명南明'을 건국하였으나 힘을 얻지는 못하였다. 이들보다는 처음에는 오히려 청에 협력하였던 오삼계, 상가희, 경중명의 삼번三藩의 저항이 심하였다. 제4대 황제 강희제는 삼번의 난을 진압하고, 대만의 정 씨 왕조를 정벌하며 마침내 전 중국을 통일하였다. 처음 25만 명 정도에 불과한 만주족이 마침내 중국

청나라 황실의 초상 화가였던 예수회 신부 장 데니스 아티레 (Jean-Denis Attiret :1702 ~ 1768)가 그린 춘희와 왕족 다와찌(達瓦齊)의 초상화.

대륙을 정복한 것이다.

만주족은 한족을 제외한 이민족으로서는 가장 오랫동안 중국을 지배하였다. 청의 초기에는 강희제와 건륭제와 같은 훌륭한 황제들이 통치를 했다. 한족의 명나라뿐 아니라 주변의 몽골, 위구르, 티베트를 정복하여 원나라를 제외한 역대 중국 왕조 중에서 가장 큰 영토를 이루었다. 또한 러시아와의 전쟁에서 승리하여 네르친스크 조약(1689년)을 체결하고 현재의 중-러 국경을 확정하였다. 건륭제 당시의 영토는 몽골, 신강, 티베트를 모두 포함한 것이었다. 또한 미얀마, 태국, 베트남 등의 통치권을 확보

했다. 이 시기의 중국 인구는 처음으로 3억 명을 넘어섰으며, 이는 명明의 인구 6천만 명과 비교하면 엄청난 발전이라고 할 수 있다.

그러나, 200년 이상 번성해온 청나라는 1839년에 일어난 아편전쟁과 같은 서구열강 세력의 침입을 받아 국력이 약해졌다. 청나라는 1911년 10월 10일에 발발한 신해혁명으로 인해 1912년에 멸망하였고, 중국 역사에서 2천 년 이상 이어졌던 제국의 시대가 끝나게 된다. 손문이 혁명에 의하여 아시아 최초의 공화국인 중화민국을 건설한 것이다.

청나라 관리의 여름용 모자와 청색의 모자 단추. 청색은 4품에 해당된다.

청나라 관리는 9개의 품계로 구별되었고, 각 품계에 각각 정正, 종從으로 나누었기에 전체 18품계가 된다. 그들은 관리들의 모자

꼭지에 특정 색깔의 단추 모양의 보석을 달아 품계를 알아볼 수 있게 하였다. 모자의 표장에 관한 청나라의 법령은 1636년으로 올라간다. 수많은 한족 중에도 만주족 정복자들은 왕족, 귀족, 그리고 관리들을 잘 구별하기 위하여 복장에 그 차이를 나타내는 법령을 제정했다. 모자는 다른 어떤 표장보다 품계의 차이를 가장 뚜렷하게 보여줄 수 있었기에 일상생활에 착용하는 모자를 규제한 것이다. 그 모양은 조금씩 변화하였으나, 마침내 1727년 옹정제가 원형 구슬을 닮은 '청나라 모자 단추Mandarin hat button'를 도입하였다. 모자 단추는 행사에 입는 정장 관복을 착용하지 않은 상태에서 가장 눈에 띄기가 쉽다는 장점이 있다. 황제는 붉은 비단을 엮은 작은 손잡이 모양의 줄을 달았고, 귀족이나 관리들은 모자 위에 단순하게 모자 단추를 달았다.

계절에 따라 모자 장식은 달랐다. 더운 계절에는 앞머리를 자른 변발에 단추 모양의 장식품만으로 치장을 했으나, 추워지는 계절에는 누비를 놓은 비단 모자를 썼다. 그리고 날씨가 여전히 싸늘한 계절에는 얇은 등나무로 만든 모자를 착용하였다. 여름용 모자는 가는 대나무 실을 엮어 원추형으로 만들고, 위쪽에 품계를 표시하는 보석으로 꼭지를 만들었다.

1품의 모자 단추는 고상한 루비나 투명한 적색 돌을 깎은 것이다. 관복에는 학을 수놓았고, 루비가 장식된 옥 허리띠를 착용하

청나라 관리의 모자 단추로 손잡이를 만든 칠보 종과 페이킹 유리 추, 19세기 후반.

였다. 2품은 붉은 산호로 모자 단추를 하였고, 관복에 금색 꿩을 수놓았다. 루비가 장식된 금 허리띠를 착용하였다. 3품은 사파이어 모자 단추에 외눈의 공작 깃털로 표시하였고, 관복에는 공작새를 수놓았고 금 허리띠를 착용하였다. 4품은 청금석(청색 돌) 모자 단추와 관복에는 야생 기러기 모양을 새겼다. 허리띠는 은 단추와 함께 세공한 금으로 만들었다. 5품은 맑은 석영 모자 단추에, 관복은 은 공작새, 허리띠는 은 단추와 함께 세공하지 않은 단순한 형태의 금 허리띠를 착용하였다. 6품은 불투명 흰색 조개나 빙장석 모자 단추에 관복에는 백로를 수놓았다. 허리띠는 전복과 같은 자개로 장식하였다. 7품은 단순한 금 모자 단추에, 관복에는 만주 오리를 수놓고, 허리띠는 단순한 은대로 하였다. 8품은 세공한 금 모자 단추에 메추라기를 관복에 수놓았다. 허리띠는 동물의 뿔로 만든 깨끗한 형태를 착용하였다. 9품은 세공한 은색 단추 모양의 모자 단추에 꼬리가 긴 어치를 관복에 수놓았다. 허리띠는 물소 뿔을 착용하였다. 그러나 이러한 표징들은 시간에 따라 변하였으므로, 나중에는 색깔이 있는 유리로 값비싼 보석들을 대치할 수 있도록 허용하였다. 모자 단추는 직경 3cm, 높이 5cm 정도의 크기이며 가느다란 구리 막대로 16개의 세공된 원판장식으로 연결되어 있다.

청나라 관리의 모자에 품계 표시 장식으로 있던 단추에 칠보칠을 해 금속 종의 손잡이가 된 것인지는 확실하지는 않으나, 청나라 말기인 1900년경부터 이 보석을 장식한 금속 종들이 수출되었다. 화려한 문양의 디스크 형태의 받침대에 청나라 보석을 장식한 종은 전체 높이 10.5cm, 직경 7cm 이다. 추는 색깔 있는 유리막대를 철사나 가는 체인으로 매달았다. 이런 화려한 색채 유리를 북경유리Peiking glass 라 부른다.

시민들의 안방으로 들어온 귀족문화
오스트리아의 비엔나 브론즈

      지금은 인구 820만에 불과한 작은 나라 오스트리아의 수도 비엔나가 우리 인류의 철학, 의학(정신분석학), 경제학, 문학, 예술 분야에 미친 영향은 엄청나다. 비엔나의 중요한 성과의 대부분은 20세기 전후의 시기에 이루어졌다. 19세기의 비엔나는 근대의 물결을 적극적으로 수용하지 못하고 있었고, 거리에는 고전 예술과 고풍스러운 품위, 그리고 격식이 중요시되던 도시였다. 오스트리아-헝가리 제국에는 민족들 간의 내부적인 반목과 분열이 잠재되어 있었고, 신흥 강국 독일은 이 나라를 강력하게 압박하고 있었다. 19세기 후반에는 제국의 중심 도시에서 급진적인 현대 도시로 변화되는 과정에서 도시 전체가 열병을 앓고 있었다. 화려한 바로크 양식이 가득한 합스부르크 제국의 도시는 몰락하는 구체제 유럽의 전형적인 모순을 압축해 담고 있었다. 한편으로는 구체제가 해체되며 방출되는 거대한 에너지도 내뿜고 있었다. 시민들은 제국의 몰락으로 점차 무너져 내리는 현재와 새로운 시대의 시작에서 오는 상상 사이에서 불안해하기도 하였으나, 그들 내부에는 새로운 문화의 기대감이 맴돌고 있었다.

중세 이후, 유럽에는 100년마다의 '세기말' 이 되면 허무와 절망적 분위기가 가득하고 사회 전반에 퇴폐적이고 음울한 풍조가 만연하였다. 그러나 19세기말 비엔나의 분위기는 달랐다. 1789년 프랑스 혁명으로 촉발된 자유와 평등 정신이 반혁명 분위기와 정부의 억압에도 불구하고 유럽 전역으로 서서히 퍼져 나갔고, 수도 비엔나에도 새로운 바람이 불었다. 거기에는 변화를 갈망하는 분위기가 가득하였고, 열정으로 변화를 직접 만들어가고 있었다. 보다 자유롭고 유연한 생각을 하던 시민들은 이전 세기말에는 볼 수 없었던 화려하고 찬란한 문화를 꽃피우게 된다. 격동기의 거대한 에너지는 사회 전 분야에서 분출되며 수많은 자유주의자가 활동하며, 예술적 자아가 가장 생생하게 살아 움직이는 새로운 예술을 탄생시켰다. 비엔나의 '링슈트라세' 거리에서 활약한 프로이트, 클림트, 말러, 바그너, 쇤베르크, 코코슈카

비엔나 풍의 우아한 케른트너 거리 산책로의 모습. 테오도어 차세, 1908년.

는 이 시기의 새로운 사조를 창조한 사람들이었다.

비엔나 브론즈Vienna Bronze, 비인 청동는 이 시기의 비엔나에 유행한 조각 공예였다. 상공업으로 부를 축적한 부르주아들은 보다 우아하고 멋있는 생활을 추구하게 된다. 그들은 귀족들의 삶을 동경하며 화려한 왕궁이나 성에 전시된 예술품이나 커다란 조각상들을 감상하는 것으로 예술을 접하고 있었다. 그러나 이 시기부터 그것을 직접 소유하고 싶은 욕구가 생겼고, 시민들도 집안에 예술품을 두게 된다. 궁전과 도심 광장에 전시된 대형 동상이나 조각품은 소유할 수 없었으므로, 집 내부를 올망졸망하고 아름다운 모양의 조각품, 생활용품을 포함한 도자기, 유리 공예품, 램프 등으로 장식하기 시작한 것이다.

브론즈는 일단 주형을 만들면 대량 생산이 가능하다는 장점이
있어, 장인들은 사회적 요구에 따라 다양한 작품들을 대량으로
제작하였다. 비엔나 브론즈는 인물이나 누드 여성, 다양한 새,
개구리, 돼지, 개, 고양이 등의 동물, 동양 풍물, 시장 풍경 등을
자연스럽고 상세하게 표현한 우아한 조각품이었다. 크기는 수
mm의 작은 것에서 거의 1m 크기까지 다양한 형태이다. 각각의
작품들은 부분별로 조각된 후에 다시 전체적인 모습으로 조소되
는데, 둥지 위의 새가 있는 청동 조각품은 한 사람이 새를 만들
고 둥지는 따로 만들어 서로 붙이는 과정을 거쳤다. 이어 젖은
모래 틀을 만들고 끓는 청동을 부어 조각품을 만드는 사형주조

좌 : 터키인, 채색 페인트 브론즈. 우 : 소년, 금도금 브론즈.

sand cast, 砂型鑄造법으로 제조하였다. 거푸집을 식힌 후, 떼어 내면 하나하나의 조각품이 완성되는 것이다. 한 사람의 장인이 조각품을 완성하면, 2~3명의 여성들이 오일 페인트로 세심하게 여러 겹의 칠을 하였다. 이렇게 자연스러운 색칠, 고색창연한 모양, 또는 금빛 도금을 입힌 것을 'cold painted bronze'라 한다. 당시 비엔나 브론즈를 제작하던 장인은 120명 정도가 있었으나, 오늘날까지 전해지는 사람은 몇 명에 불과하다. 가장 잘 알려진 마티아스 베르그만은 공방을 운영하며 주조, 양각, 페인팅 기술을 사용해 2~3만 개의 브론즈 조각품들을 제작하였다. 그의 후손들도 공방을 계속 운영하며 아르누보 조각품, 청동 인장을 만들었고, 전쟁 중에도 초기 주형을 잘 보존하였으므로 1990년대까지도 계속 생산하였다.

비엔나 브론즈는 19세기의 실용적이고 간소한 양식인 '비더마이어Biedermeier의 시대'에 집중적으로 생산이 되어 최고 수준에 도달하였다. 자신감으로 가득한 부르주아 층들이 그들 자체의 생활을 만들고, 사교 생활을 한 것이다. 유럽 문화사에서 시민 문화로 알려진 비더마이어 문화는 원래 귀족들의 문화였다. 나폴레옹 치하에서 금욕적으로 생활하던 황실은 당시로서는 새로운 감각의 예술 취향을 발달시켰다. 바로크 풍의 복잡함 대신 단순한 직선과 평면 디자인을 택하였다. 서재를 간소화하고 둥근 영국식 탁자를 이용해 복잡한 왕궁의 공식 행사를 하는 곳이 아니라, 이곳이 황실의 식구들이 담소하는 사생활 공간이라는 인식을 준 것이다. 비더마이어는 근대화를 예고하는 대표적인 사례가 되었고, 비엔나 공방의 제품은 모두 실용적인 제품의 표본이 되었다. 그러나 시민들이 황실의 취향을 흉내 내어 인테리어 가구들을 대량 생산하고 소비하기 시작하자, 황실은 다시 장인들의 화려한 신新로코코 예술로 되돌아갔다고 한다. 비엔나 브론즈는 이러한 배경하에 식탁의 장식품, 고급 장난감, 선물 용품으로 많은 사랑을 받게 되었다.

페터 테레스주크의 상아 ─ 브론즈 조각, 비엔나, 1900년 전후.

나는 우연히 어느 종 수집가의 수집품에서 비엔나 브론즈를 만났고, 그들의 다양한 아름다움에 매혹되었다. 내가 처음 만난 비엔나 브론즈 조각가는 페터 테레스주크Peter Tereszczuk, 1875

~1963였다. 그는 오스트리아 - 헝가리제국의 갈리시아에서 태어났고, 어린 시절부터 예술적인 능력을 눈여겨 본 어느 귀족의 지원으로 비엔나로 보내졌다. 그는 비엔나의 '예술 및 공예 학교'에서 수학한 후, 보헤미아에서 교수로 활동한 시간을 제외하고는 전 생애 동안 나무, 상아, 청동 조각품들을 만들었다. 특히 아름다운 소녀, 그 시대의 생활상을 주제로 많은 작품을 만들었는데, 그의 쌍둥이 딸들이 모델이 되었다. 2차 대전 후에는 다시 바로크 풍의 나무 조각에 전념하다가 89세로 비엔나에서 사망하였다.

그는 단순한 청동 조각에서 발전하여, 상아를 사용하여 얼굴이나 상체, 팔을 만들고 청동으로 하반신이나 몸체를 만들어 조합시킨 작품을 완성하였다. 상아를 섬세하게 조각하여 청동 조각과 잘 일치하도록 하나하나 붙여야 했다. 그의 작품에는 P. Tereszczuk과 AR이라는 명문銘文이 들어가 있는데, AR은 그와 주물 작업하였던 아르투르 루빈스타인Artur Rubinstein이라는 공인 이름의 약자이다. 그는 다양하고 아름다운 인물 브론즈뿐만 아니라 청동이나 상아와 청동이 어우러진 종도 제작하였다. 다른 예술가들과는 달리 그가 만든 브론즈에는 모두 이름을 새겨두었기 때문에 오랜 시간이 지나서도 작품의 근원을 알 수 있으므로 더 많은 관심을 받게 되었다.

상아와 청동이 어우러진 그의 브론즈 종은 경매에서도 자주 볼 수 없거니와, 가격도 만만치 않아 쉽게 구할 수 없다. 최근에는 상아의 거래를 금지하는 국제협약에 의하여 오래된 예술품이라 하더라도 상아로 만든 것은 거래가 규제되고 있다. 미국 경매에서도 상아를 뜻하는 'Ivory' 라는 단어는 검색 자체가 차단되고 있으므로, 향후에는 이러한 종들을 구하는 것은 더욱 어려워질 것이다. 다행스럽게 나는 그의 작품을 몇 점 수집하였다. 사진의 청동 조각품은 전체가 청동으로 정장 차림의 당시 비엔나 귀부인과, 상아로 얼굴을 만들어 조합한 종들이다. 부인 형상의 종들이 그러하듯이 긴 치마로 된 종의 몸통 아래에 추가 들어 있다.

좌 : 테레스주크의 상아 – 청동 종, 좌측 2개의 높이 12cm.
우 : 벡커의 상아 – 청동 종.

비엔나는 20세기에 들면서 정치적인 변화뿐만 아니라, 근원적인 체제의 변화를 겪게 되었다. 결국 1차 세계대전의 소용돌이에 휩쓸린다. 유럽을 호령하던 위치에서 퇴조하여, 합스부르크 왕조의 붕괴가 일어났다. 세상의 질서가 바뀌는 이 급격한 변화가 비엔나 예술에 그대로 반영이 되었다고 한다. 비엔나에서는 구스타프 클림트, 오토 와그너, 콜로만 모세르 등이 중심이 되어 1897년 비엔나 예술가협회에서 독립된 '비엔나 분리파(제체지온)' 라는 예술가 조직이 결성되었다. '비엔나 분리파' 는 아카데미즘이나 관이 주도하던 전시회로부터의 분리를 의미하였다. 기존의 보수적이고 폐쇄적인 예술가협회 등의 기구 속에서는 작품 발표의 장이 주어지지 않는다고 생각했던 미술가들이 자신들만의 전람회를 기획하고 조직하기 위해서 창립한 새로운 예술가 집단이었다. 과거에서 분리되어 자유로운 표현을 목표로 미술과 삶의 상호 교류를 추구하고, 인간의 내면을 미술을 통해 전달하고자 한 것이다. 이들은 젊고 재능 있는 화가들을 발굴하여 전시 기회를 제공하고 일본 미술전, 인상파 미술전 등을 통해 훌륭한 외국 작품들을 소개하여 오스트리아에 새로운 예술 기운을 불어넣었다. 비엔나 분리파에는 특정한 예술 이념이나 양식은 없었지만 분리파 전시관 입구에 새겨진 "각 세기마다 고유한 예술을, 예술에는 자유를" 이라는 문구에서 이들이 추구한 이상을 짐작

〈키스〉, 구스타프 클림트,
오스트리아, 1907~8.

해 볼 수 있다. 이들은 예술적 사조와 국적을 초월하였으며 전위 미술에도 우호적이었다. 인상주의와 아르누보의 영향을 받아 회화 운동에서 출발했다. 비엔나 분리파는 실용성과 상징성의 조화를 추구하여 생활과 미학을 결합시킨 총체적인 미술을 창출하고자 했다. 또한 순수미술과 응용미술을 통합하여 근대적인 국제주의 미술과 디자인이란 개념을 주창하였다. 나는 '비엔나 분리파'를 이끌었던 클림트의 회화에서 새로운 세기를 맞이하며 비엔나 시민들이 느낀 강렬한 에너지를 어렴풋하게 느낄 수 있었다.

4. 종소리, 세상을 밝히다

백성들의 격정에 찬 함성이 울려 퍼지는
폴란드의 왕비

　　폴란드에서 제작된 것으로 알려진 붉은 유리 종으로 손잡이는 여왕의 반신상 모습을 하였고 드레스의 스커트는 붉은 유리이다. 1813년경 폴란드에서 만든 것으로 추측되며, 유리에 붉은 에나멜 칠을 하고, 손으로 그린 구름 모양의 흰색-푸른 색 무늬가 에나멜 칠 위에 그려져 있다. 손잡이는 왕관을 쓰고 정장을 한 순은제 여왕queen이다. 영어로 Queen은 여왕뿐만 아니라 왕비를 말하기도 하므로 폴란드의 왕비이거나, 또는 이 시기 폴란드를 실질적으로 지배하였던 나폴레옹 1세의 두 번째 부인이었던 마리 루이사를 모델로 한 것인지 알 수가 없다.

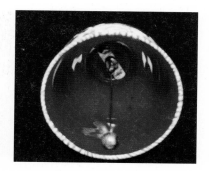

은으로 만든 여왕의 상반신 조각. 뒤쪽 아랫부분에 1813년 제작 표시와 812(아마 81.2% 은 성분)가 은으로 만든 여왕의 몸체에 새겨져 있다. 높이 14cm.

　　우리 세대에게는 2차 세계대전 이후에 동서 냉전 시대에 소련의 영향권 아래에 묶여 있던 바르샤바조약국 중의 하나였던 공산국이었고, 1980년대 동유럽의 민주화 운동을 처음 시작한 바웬사의 나라, 교황 요한 바오로 2세의 고국인 폴란드의 역사도 기구한 분단과 점령의 역사이다. 지금의 폴란드 땅에는 오래전부터 게르만족들이 살고 있었는데 10세기경에 처음으로 폴라니에족을 중심으로 나라가 형성되었기에 민족과 국토의 명칭이 폴라니에족의 나라라는 폴란드가 되었다. 966년 피아스트 왕조가 성립되어 가톨릭을 받아들였으며 그니에즈노와 크라쿠프가 오랫동안 정치적 중심 도시였다. 200여 년의 공국公國 분할 시대를 거쳐 중앙집권국가를 이루었고, 14세기에는 발트 해 연안의 리투아니아 대공국의 야기엘로 대공과 폴란드왕국의 야드비가 여왕이 결혼하면서 사실상 한 나라인 연방국이 된다. 폴란드-리투아니아의 연합 왕조인 야기에오 왕조(14 ~ 16세기, 수도 크라쿠프)가 탄생된 후, 이들은 1410년 그룬발트 전투에서 독일군을 격파하여 발트 해로 통하는 길을 열었다. 16세기에는 유럽의 곡창지대로 진출하며 전성기를 맞이했다. 17세기에는 1천만 명의 인구와 현재의 리투아니아, 우크라이나, 벨라루스 및 러시아 일부까지 포함하는 넓은 영토를 확보한 강대국이었다. 1962년 제작된 영화 '대장 불리바'는 러시아의 작가 고골리의 원작소설을 각색한 것인데, 이 시기의 강력한 폴란드 왕국에 대항하였던 러시아 카자크 부족들의 활약과 족장 불리바의 아들인 안드레이와

폴란드의 위치와 국기.

폴란드 공주의 비극적인 사랑에 관한 이야기이다.

1573년 야기에오 왕조가 끝난 뒤, 귀족들이 국왕을 선출하는 일종의 귀족 공화정이 등장하였고 1596년에는 수도를 크라쿠프에서 바르샤바로 옮겼다. 폴란드 - 리투아니아 연정국은 이후 귀족 계급이 강력해지고 투르크, 스웨덴과 전쟁 등으로 국력이 쇠퇴하여 국운이 기울어졌다. 이 시기의 의회에는 귀족들에 의하여 만장일치제도가 도입되었는데, 의회에서는 의원 한 명이라도 반대하면 그 어떤 법안이라도 통과되지 않는 지경에 이르렀다. 실제, 약 200년의 기간 동안 150회 열린 의회 중에서 53회 동안은 단 한 개의 법안도 통과되지 못하였다. 주변의 강대국들인 프러시아, 러시아, 오스트리아가 이 나라의 귀족 중 한 명이라도 포섭할 수 있다면, 그 나라들에 반하는 법률을 통과시키지 못하였던 것이다. 사정이 이러하자 주변국이 지원하는 세력이 왕으로 선출되는 일도 잦아지게 되어 주변 강대국 특히, 러시아의 속국, 위성국과 비슷한 지위가 되어버렸다. 18세기 후반에는 다시 왕권의 강화와 국가 개혁이 시도되었으나 모두 실패로 돌아가고, 폴란드와 리투아니아로 분열하여 두 개의 국가로 돌아갔다. 그리고 마침내는 프로이센, 러시아, 오스트리아 3국이 점진적으로 폴란드를 침입하기 시작하여 1773년 1차 분할을 시작하였고, 1795년에 폴란드는 이들 삼국의 분할 통치를 받게 되는 운명이 되었다. 이후 폴란드는 나폴레옹 1세에 의해 세워진 왕이 아닌 공작이 다스리는 나라란 뜻인 바르샤바 공국 시대(Duchy of

1810년 나폴레옹 1세과 결혼한 두 번째 부인 마리 루이샤(Marie Luisa). 합스부르크 왕가의 왕녀였던 그녀는 나폴레옹의 첫 부인인 조세핀이 아기를 출산하지 못하여 이혼을 당하게 되자 그와 결혼하였다. 그녀가 쓴 은관이 유리 종과 비슷한 모양이다.

Warsaw, 1807~1815)를 제외하고는 1918년 독립 때까지 120년 동안 이들 3국의 지배를 받았다.

1813년의 폴란드 상황을 살펴보면, 프랑스의 나폴레옹 1세는 유럽을 지배하던 프로이센 - 오스트리아 - 러시아의 세 왕국을 견제하기 위하여 이들 삼국으로부터의 독립을 원하던 폴란드를 부추겨서 1807년 바르샤바 공국을 세우고 연합군을 편성하여 러시아 원정에 나섰다. 폴란드인에게 나폴레옹은 독립을 위해 하늘이 보내준 구세주와 같은 존재였다. 그러나 나폴레옹이 자랑하던 프랑스의 육군은 러시아에게 거의 전멸에 가까운 패배를 당했고, 프랑스에 기대어서 폴란드의 독립을 원하던 바르샤바 공국의 지도자였던 포니아토프스키도 나폴레옹 군대와 함께 1813년 라이프치히 전투에서 대패하며 전사하였다. 그 결과로 폴란드는 다시 프로이센, 러시아, 오스트리아 3국의 분할 통치에 놓이게 되었으며, 바르샤바 공국도 공식적으로 사라졌다. 폴란드인들은 이후 혁명 정부를 조직하고 독립을 위한 봉기를 이어갔으나 독립 투쟁은 번번이 실패하였고, 민족자결주의의 힘이 팽배하던 1차 세계대전 후인 1918년이 되어서야 독립을 하게 된다. 작곡가 프레데리크 쇼팽은 1810년, 퀴리 부인은 1867년 태어났으니 이 두 사람은 분할 통치 당하던 폴란드의 비애를 가슴에 지닌 분들이다. 쇼팽의 피아노 소곡 〈야상곡〔Nocturne〕〉이나

〈이별의 노래〔Tristesse〕〉에서는 그 시절 서로에게 위로가 필요했던 그들의 삶을 짐작할 수 있고, 그 잔잔한 멜로디에는 강대국 러시아의 농노로 살아야 했던 폴란드 농민들의 마음속 깊은 곳에 위치한 슬픔이 묻어 있다.

라이프치히 전투, 1815년 러시아 화가 Vladmir Moshkov 작.

이 종이 만들어졌던 1813년은 폴란드와 나폴레옹 연합군이 마지막으로 패하고, 러시아가 폴란드 바르샤바를 점령하던 시기이다. 이후 삼국의 분할지배를 받았으므로, 폴란드 남쪽은 오스트리아(보헤미아, 현재의 체코)의 지배를 받게 되었다. 그러므로 폴란드 공예 및 예술품들은 보헤미아 유리 공예의 영향을 많이 받았고 장인들이 만든 아름다운 폴란드 유리 공예품이 전해지고 있다. 1813년의 우리나라는 조선 정조의 아들인 순조 임금의 시대로 천주교 박해가 극심한 해로 기록되어 있다. 한편으로는 홍경래의 난이 평정된 다음 해인데, 국가는 피폐하여 굶주림과 생활고에 시달리던 백성들이 크고 작은 민란을 일으켜 민중들의 삶을 처절하게 주장하던 시기였다. 조정은 임금의 외척인 안동 김씨 일족에 의한 세도정치가 판을 쳐서 국정이 문란하였던 시기였기에 백성들의 삶이 최악인 상황이었다. 동서양 모두에서 분노와 열기가 넘쳐흐르던 시기였다. 나폴레옹에 기대어 독립을 쟁취하자고 외치던 폴란드 국민들이나, 학정과 가난에 견디다 못해 민란을 일으키던 조선 백성들의 격정에 찬 함성이 종소리에 울려 퍼지는 듯하다.

아들을 죽인 살인자라도 손님이면 지극정성으로 대한다
고결한 야만인 노매드Nomad

　　　　　　21세기에 들어서는 정보 기술의 발달로 등장한 신
인류를 뜻하는 '디지털 노매드Digital Nomad' 란 용어가 화두가 되
었다. 정착하지 않고 떠돌아다니는 유목민을 뜻하는 '노매드' 에
디지털이 앞에 더 붙었다. 인터넷과 최첨단 정보 통신 기기를 지
니고 사무실을 별도로 두지 않고, 세계를 경계 없이 드나들며 활
동하는 인간형을 '디지털 노매드' 라고 한다. 프랑스의 사회학자
자크 아탈리가 21세기형 신인류의 모습인 '디지털 노매드' 를 소
개하며, 정보기술의 발달로 이제는 인류가 한 곳에 정착할 필요
가 없어질 것이라고 예견한 것이다. 정보와 지식이 중심인 디지
털 시대에서 자신의 삶의 질을 극대화시키기 위해 자유롭고, 창

의적인 생각을 하는 사람들이 증가하고 있고, 그들이 생산과 소비를 주도하면서 사회의 주도 세력으로 떠오를 것으로 예측하는 것이다. 이러한 생활 방식에서는 유목민들의 생활에서 중요한 덕목인 변화에 대한 유연한 대처와 그들의 삶 전체를 이해하고 파악하는 정확한 정보력, 그리고 개인이 지닌 능력이 개인과 집단의 성공 여부를 결정하는 시대가 된 것이다.

유목민遊牧民, Nomad은 한 곳에 정착하지 않고 식량이나, 동물을 사육할 수 있는 목초, 그리고 삶에 필수적인 물품을 찾아 여러 장소를 옮겨 다니며 살아가는 사람들이다. 세계에는 3~4,000만 명의 유목민이 있고, 이들은 주로 동물을 이용하거나 도보로 이동을 한다. 유목 생활은 농경 생활에 비해 항상 불안정하고 어려운 자연 환경 속에서 여러 곳을 옮겨 다니기 때문에 그들은 생존에 적합한 생활 문화를 발전시키며 살아왔다. 그러나 2차 세계대전 이후 각 나라들의 국경이 고정되고 다른 나라로 들어갈 때에는 여권이나 비자가 필요하게 되었으므로, 유목을 그만두는 사람들이 늘어나고 있다. 유목민 중에서 가장 원시적인 형태는 계절에 따라 먹을 수 있는 식물이나 사냥감을 찾아 떠다니는 수렵-채집형 유목민hunter-gatherer이다. 산업화된 국가에서 흔한 소요형 유목민peripatetic은 동물을 사냥하고, 야생 과일, 채소 등 기타 식물을 채집하며 여러 지역을 이동하면서 장사를 하며 살아간다. 현대의 우리가 알고 있는 대부분의 유목민은 한 지역에서 소, 말, 양, 염소 등을 기르며 생활하다가 먹이가 고갈되면 가축과 함께 이주하는 목축형pastoralism이다.

여름이 되면 가축을 몰고 산악지대로 이주하는 터키 요뤽 유목민. 사진 위키피디아.

유목민이 문헌 속에 최초로 등장한 것은 그리스의 헤로도토스의 저서 《역사》에 등장하는 스키타이 민족이다. 스키타이는 당대 최고의 페르시아의 군대와 알렉산드로스의 북방 원정군을 차례로 격파하며 역사에 등장했으나, 얼마 지나지 않아 역사에서 사라졌다. 또한 유럽을 정벌하고 역사상 가장 광활한 영토를 지배한 칭기즈칸의 몽고족도 불과 100여 년 지속한 뒤 다시 북쪽 초원으로 사라졌다. 유목민은 대부분 문자를 갖고 있지 않기 때문에 그들의 역사를 기록하지 못하였다. 인류학자 레비 스트로스는 이들을 역사를 가지지 못한 '차가운 사회Cold Society'에 해당된다고 하였다. 그러므로 유목민에 대한 시각과 그들의 역사는 대부분 그들과 인접한 문자를 가진 정주 사회가 남긴 역사를 통해 접근할 수밖에 없기에 유목민들에 대한 정확한 이해나 연구가 쉽지 않으며, 정주민의 기록에는 유목민에 대한 편견과 오해가 담겨 있다. 사실 유목민들에 대한 이미지나 생각은 늘 축소되거나 과장되는 등 이중적인 시각이 내포되어 있다. '고결한 야만인'이라는 루소의 말처럼 유목민들의 삶을 목가적이고 서정적인 측면에서 강조해 자유롭고 이상적인 모습으로 묘사하는 한편, 그들이 정주민들을 약탈하고 파괴하는 폭력적이라는 이미지도 남겼다. 그러나 유목민에 대한 연구가 진행되면서 그들 역시 정주 사회처럼 자연 환경에 적응하고 생존을 위해 사회 구조와 사고를 변화시켜 왔다는 것이 확인되었다. 또한 유목민의 폭력성은 아주 드물게 예외적인 상황에서만 드러난다는 것도 확인할 수 있었다. (《유목민의 눈으로 본 세계사》, 스기야마 마사아키 저, 이경덕 역, 시루출판사)

유목민들은 모여서 국가를 만들기는 어려웠다. 때문에 농경민족의 변방 정도로 취급당하였는데 동양의 유목민족이었던 말갈, 거란, 여진, 몽골, 흉노, 선비 등은 모두 중국 역사에서는 오랑캐로 분류되었다. 이들은 말에 익숙한 만큼 농경보다 전투의 비중이 훨씬 더 높았고 약탈 민족의 특성을 보였다. 그래서 제대로 된 지도자가 나타나면 엄청나게 강해졌다. 게르만을 서쪽으로 밀어서 서로마의 멸망을 유발한 훈족이나 요, 금, 원, 청으로 이어지는 중국 유목민족의 국가 건립이 대표적인 예가 된다. 그러나 유목 생활을 하는 그들이 확보한 영토는 넓기는 했으나 풍요한 땅이 아닌 변방이어서 사람이 살기는 힘든 땅이었다. 인구수나 문화면에서도 정착한 농경민족 국가와는 상대가 되지 못했다. 전성기 몽골의 인구도 300만이 넘지 않았다. 그들은 유목 생활로 생존에 필요한 단백질은 얻을 수 있었으나 탄수화물을 얻기 위해서는 정주민을 약탈하여야 했다. 농경민족은 왕의 정복욕을 채우기 위해 외국과 전쟁을 벌였으나, 유목민족은 생존을 위한 침략과 약탈을 위한 것이기에 전투력이 높았던 것이다. 농경민족들은 그들을 야만스런 짐승 정도로 보았으나, 유목민들은

유목민족 몽골의 서방 원정군 행렬 모습.

정주민들을 줄에 묶인 가축처럼 생각했다.

　유목민족은 몽골이 쇠퇴한 15세기 이후 서구가 득세하기 전까지 항상 역사의 중심에 있었고, 유럽제국이 총과 화약을 들고 세계에 등장하기 이전까지의 세상을 움직여 왔다. 유목국가가 성립됨으로써 동서 교류가 활발하게 이루어졌고, 세계는 이전과는 비교할 수 없을 정도로 많이 발전하게 되었다. 그러나 농경민족을 정복해 국가를 건립한 후, 오히려 그들의 문화에 역으로 점령되어진 경우도 많았다. 몽골뿐만 아니라, 동로마를 멸망시킨 투르크족도 아랍과 페르시아 족에게 동화되어 역사의 중심에서 사라지며 이제는 그영화가 흔적으로만 남았다.

　21세기에 사는 우리들에게는 아프리카와 아라비아 반도에서 낙타를 몰고 유목 생활을 한 베두인족이 가장 잘 알려져 있다. 여기에 소개하는 황동 종은 아라비아 반도 사막의 노매드 베두인의 모습이며, 1900년 전후 프랑스에서 만들어졌다. 어깨에 소총을 멘 상태에서 그의 왼손은 야자수 나무를 잡았고, 오른 손에는 단검을 들었다. 종의 몸체에는 낙타와 말을 타고 이동하는 이들의 일상생활이 양각되어 있으며, 아래 부분에는 여러 종류의 꽃잎으로 장식해 청아한 소리가 나는 종이다.

   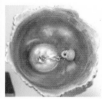

야자수 나무에 기대 선 아라비아 반도의 노매드 황동 종, 높이 14cm 높이, 19C 후반, 프랑스.

    베두인족은 중동의 사막지대에 살면서 아랍어를 사용하는 유목민족으로 시리아, 요르단, 이란, 아라비아, 아프리카 북부의 건조지대에 약 300만이 생활하고 있다. 대부분 목축을 하고 있으며 겨울 우기에는 사막 지역으로 이동하며 다니다가 여름 건기에만 경작 생활을 한다. 베두인은 아랍어 바드우badw를 프랑스인이 발음을 잘못 옮긴 것이라고 한다. 바드우는 바디야badiyyah, 도시가 아닌 곳에 사는 사람인데 오아시스나 와디(마른 강)에서 농업을 하는 사람을 총칭한다. 도시에 사는 사람들인 하다르hadar에 대칭되는 용어이다. 아라비아 반도의 남단에서 농경지 개발이 한계에 달하자 농경을 하던 일부 용감한 사람들이 경작이 불가능한 바디야로 가축을 데리고 갔는데, 그것이 베두인의 시작이다. 그러므로 베두인이라는 호칭에는 높이 자랑할 만한 용기 있는 사막 민족이라는 의미와 도시의 문명을 알지 못하는 사람이라는 멸시의 의미가 함께 들어 있다. 반 정착 생활을 하면서, 목축과 농경을 하는 사람들도 상황에 따라 바드우라고 불리나, 일반적으로는 동물을 사육하며 이동 생활을 하고 있는 아랍계의 유목민을 베두인이라고 부른다.

성경 속 아브라함 시대부터 역사의 족적을 남기고 있으나, 베두인의 역사는 2000년 전 야생 낙타를 길들이는 것에서부터 시작되었다. 베두인은 삶의 많은 부분을 낙타에 의존하며, 베두인의 부富는 몇 마리의 낙타를 소유하고 있느냐에 달려 있다. 따라서 전통적인 베두인족은 그들이 소유한 동물의 종에 따라 계급이 구별된다. 이들에게는 6종의 카스트가 있다. 사막에 가장 가까이 살며 낙타를 사육하여 이동 수단이나 식육, 유제품으로 이용하는 아랍의 유목민 종족이 가장 존경받는 높은 계급이다. 아라비아, 시리아, 사하라 사막의 투아레그족이 여기에 속한다. 낙타를 이용한 베두인 거상은 아라비아로부터 지중해에 이르기까지 교역로를 만들었고, 바닷길이 열리기 전인 14세기까지 번영하였다. 다음은 주변 지역에서 소, 양, 산양을 방목하는 부족이다. 최하위 계급은 유목을 하지 않고 농경에 종사하는 아랍의 여러 민족과 베르베르 종족이다. 사하라 남부나 수단에는 흑인의 농노와 노예, 천민들도 있다. 노예는 아랍의 노예사냥에서 잡혀 온 남유럽의 백인도 있었으나, 나중에는 수단의 흑인에만 국한 되었다. 베두인족은 베르베르인, 흑인에 이슬람교를 전파시켰 고, 농경에 종사하는 종속민과 오아시스 통상로의 상인을 약탈 하거나 보호하며 재물을 챙겨 세력을 넓혔다. 카스트제 사회는 같은 카스트가 아니면 결혼이 허락되지 않는다.

베두인들은 복장과 풍습에서 독특한 전통을 유지하고 있다. 이들은 사막에서 기르는 부족의 공동 재산인 낙타와 양의 젖으 로 만든 버터와 치즈를 만들었다. 그리고 밀로 만든 거친 밀가루 반죽의 둥근 빵에 대추야자를 먹는다. 결혼식이나 절기 때에는 가끔 특별한 메뉴로 고기를 먹기도 한다. 이들은 씨족이 모여 부 족을 형성하며, 부족장인 셰이크sheikh는 세습제로 특정한 가계 에서 나오는 것이 일반적이다. 베두인족 사회는 일부다처제, 대 가족제도, 부계 혈통제를 특징으로 하는 가부장적 질서를 유지 하고 있다. 셰이크는 남자 연장자들로 이루어진 장로회의 도움 을 받는다. 아라비아 반도의 베두인은 양과 염소의 털로 짠 검정 색 텐트(털의 집)를 사용한다. 텐트의 천은 열의 발산을 돕기 위 해 느슨하게 짜며, 우기에는 털실이 물에 부풀어 오르며 구멍을 막아 비가 새지 못하게 한다. 텐트와 가축 및 가재도구들은 가족 전체의 소유물이며, 하나의 텐트에는 한 사람이 주부의 일을 맡아 한다. 우물은 씨족의 소유이고 이동이나 숙영 시에는 씨족 전원이 협력한다. 베두인들의 노래와 가무를 즐기며, 사막에서 만나는 손님에 친절하고 관대하여 '아들을 죽인 살인자라도 손님이면 지극정성으로 대한다.' 는 이야기가 있을 정도이다.

유목민의 생활, 튀니지아, 1899년, 사진 위키피디아.

씨족사회가 지속되었던 아라비아 반도가 이슬람교의 지배하에 하나의 나라로 뭉치게 되자, 상대적으로 베두인들의 사회적 영향력은 줄어들었다. 중동에 근대국가가 형성되면서 이슬람을 받아들인 베두인의 삶은 또 다시 엄청나게 변하게 된다. 20세기에 접어들자 부족 내부 간의 반목과 중앙 정부의 영향력 증대로 변방 부락에 대한 약탈을 할 수 없었고, 그들이 이동하는 지역은 정부의 통제하에 들어가게 되었다. 특히 제2차 세계대전 후에는 국경을 넘나드는 유목이 어려워졌으므로 목축을 포기하고 농경을 생활 수단으로 하는 정착 농경민들이 증가하였다. 1950년대에 사우디아라비아와 시리아는 이들의 영토를 국유화했으며 요르단은 염소 목축을 극히 제한했다. 결국 농경을 위시한 다른 육체노동을 천시해 왔던 베두인 민족들도, 대부분이 정착생활을 하게 되었다. 과거에는 일을 하고 급여를 받는 것이 수치스럽게 생각했으나, 지금은 군대 복무와 건설, 공장 일에도 많이 참여하고 있다.

베두인 베지족, 수단, 1952년, 독일, 사진 위키피디아.

요르단, 이스라엘, 레바논 등에 거주하는 아랍인들은 자신의 조상이 베두인이라는 것을 무척 자랑스럽게 여긴다. 이들은 강인하고 단결도 잘 되며, 부족 전원이 힘을 합하여 외부의 적과

싸워 왔다. 제1차 대전 후 리비아를 침입한 이탈리아군은 베두인들의 강력한 저항으로 20년 동안 리비아 주둔군 사령관을 7명이나 교체했다. 그리고도 엄청난 물량 공세를 퍼부은 후에야 베두인들을 격파하고 지도자 무스타크 오마르를 처형할 수 있었다고 한다. 〈아라비아 로렌스〉는 베두인족의 특성인 혹독한 환경에서도 잘 버텨내는 이들 부족의 인내심과 강인한 근성을 잘 나타낸 영화다. 그들은 낙타 부대를 이끌고 죽음의 사막을 건너 난공불락의 요충지인 아카바 요새 기습에 성공한다. 영화의 주인공 로렌스는 신과 베두인족들만이 사막을 즐기는 것 같다고 말했다. 기후와 환경에 대한 적응은 에스키모와 베두인족을 당할 종족이 없다는 말이 있다.

유목민 투아레그인들은 '정착민들의 누에고치 같은 집이 산 자들의 무덤'이라고 말한다. 또한 자크 아탈리는 "정착생활은 인간 역사에서 짧은 괄호에 불과하다. 인간은 삶의 본질 속에서 유목 생활에 의해 형성되었으며, 다시 여행자가 되어가고 있는 중이다."라고 하였다. 날로 각박해지는 오늘날, 현대인들은 유목민처럼 자연에 순응하며 자유롭게 에너지를 발산하며 살아가는 삶을 그리워하고 있다. 그래서 다시 그들의 삶을 따라 하고 있는 것이다.

남을 따라 하기는 쉽지만 처음 하기는 어렵다
크리스토퍼 콜럼버스

'누구라도 할 수 있는 쉬운 일처럼 보이지만, 그 일을 처음으로 생각해 내는 것은 어렵다.' 라는 것을 '콜럼버스의 달걀' 과 같다고 한다. 콜럼버스는 아메리카 대륙을 발견하고 귀국한 후, 영웅이 되었다. 환호 속에 자주 파티에 초대를 받게 된다. 그러자 그를 시기하는 사람들도 늘어갔다. 어느 날 콜럼버스가 귀족들의 파티에 초대되어 자기가 발견한 신대륙에 대하여 연설을 하자, 한 사람이 크게 빈정거렸다. "대서양을 서쪽으로 계속 항해하여 새 섬을 발견한 것이 그렇게 대단한 일입니까? 당신이 아니더라도 누구나 할 수 있는 일이에요!" 얼굴이 상기된 콜럼버스는 탁자 위에 놓인 달걀을 집어 들고 참석자들에게 물었다. "여기 이 달걀을 탁자 위에 세울 수 있는 분이 있습니까?" 많은 사람들이 시도해 보았으나, 누구도 성공하지 못하였다. "아무도 못합니까? 그럼 내가 해 보겠습니다." 그는 달걀 끝을 탁자에 쳐서 껍질을 깨뜨렸다. 그리고는 깨어진 쪽을 밑으로 하여 쉽게 달걀을 세웠다. "남이 하는 것을 따라 하기는 쉽습니다. 그러나 이처럼 처음으로 하기는 쉽지 않습니다. 나의 탐험도 마찬가지입니다"

바르셀로나 람블라스 거리의 콜럼버스 인물상과 기념품 종.

미국과 중앙아메리카 일부 국가는 콜럼버스가 아메리카 대륙을 발견한 날인 10월 12일(미국은 10월 두 번째 월요일)을 '콜럼버스의 날'로 정하여 기념하고 있다. 특히 미국에서는 건국과 발전에 공헌한 이탈리아계 미국인들에게 감사하고, 이들의 희생을 기리는 행사를 거행한다. 그러나 좌파 민족주의자였던 베네수엘라의 차베스 대통령은 "콜럼버스가 아메리카 대륙에 상륙함으로써 150년간 계속된 인종 학살이 촉발되었다."며 "중남미 사람들은 '콜럼버스의 날'을 기념하지 말라."고 촉구하였다. 콜럼버스가 상륙하였을 때 1억에 달하였던 원주민이 150년이 경과한 뒤에는 300만 명으로 감소되었던 사실을 말한 것이다. 그는 2002년 '콜럼버스의 날'을 '원주민 저항의 날'로 바꾸는 법령을 공표한 바가 있다.

이 사진에 보이는 것은 콜럼버스가 보트를 타고 아메리카 대륙에 처음 상륙하는 모습인 '콜럼버스의 상륙'이라는 어린이용 장난감이다. 앞쪽에 줄을 묶어 장난감을 끌면 바퀴가 굴러가며 위쪽의 종을 연속해서 쳐서 소리를 내는 금속 제품이다. 길이 19cm, 폭 9cm의 크기이고, 아래 부분에 1893년 10월 31일 발명 특허등록이라는 문구가 있다. 미국인들은 콜럼버스를 오늘의 미국이 있게 한 은인이라 생각하고 있고, 어린이들에게도 콜럼버스의 탐험 정신을 전해 주고자 노력하고 있다. 이 종 장난감도 그와 같은 교육적인 의미가 포함되어 있다. Gong & Gong회사가 콜럼버스의 아메리카 상륙 400주년을 기념하여 제작하였다. 우리나라가 역사상 최초로 참가했던 국제박람회인 1893년 미국 시카고 박람회에서 처음 판매되었다. 보트 위에는 4명의 사람이 항해를 하고 있고, 보트를 지휘하는 콜럼버스는 바깥으로 분리할 수 있다.

'콜럼부스의 상륙' 장난감 종, 1893년, 미국.

크리스토퍼 콜럼버스는 1451년 이탈리아의 항구 도시 제노바에서 태어났다. 독실한 가톨릭 집안에서 성장하였고, 처음에는 아버지를 도와 양모 직공 일을 하였다. 그는 제노바 항구에서 이루어지던 이태리와 동방상인들 간의 무역 거래를 눈으로 보면서 바다와 동방과의 무역에 관심을 가졌다. 그가 25세였을 때, 탑승했던 제노바의 상선이 프랑스와 포르투갈 해적선의 공격을 받아 침몰하였다. 바다에 떠 있는 노를 잡고 헤엄을 쳐서 겨우 살아난 그는 포르투갈의 리스본으로 갔다. 리스본에는 대서양에서 항해를 마치고 돌아온 선장들과 미지의 세계에 도전하고자 하는 사람들이 많았다. 그곳에서 그는 동생들과 지도를 제작하며 독학으로 에스파냐어를 공부하였다. 선박 조종법을 익혀 북대서양의 아이슬란드와 같은 도서 국가로 항해를 한 기록도 있다. 그는 1478년 부유한 포르투갈 선장의 딸과 결혼하여 장인의 유품인 항해 지도와 선장 일지 등을 물려받았다. 거기에는 대서양의 바람 상태를 비롯한 중요한 항해 정보가 상세하게 기록되어 있었는데, 이로써 평소에 꿈꾸던 동양으로 향하는 항해를 위한 필수 조건을 모두 갖추게 된 것이다.

당시 유럽인들에게 가장 먼 땅은 중국, 인도, 그리고 일본이었다. 그곳을 비단과 향료, 그리고 황금과 보물이 가득한 꿈의 나라라고 생각했다. 머나먼 실크로드를 거쳐 유럽으로 들어온 동양의 물품들은 매우 비싼 가격으로 거래되었다. 그래서 낙타 대신에 배로 동양으로 가는 바다의 지름길을 찾는 사람이 많았다. 콜럼버스도 이들 중 하나였다. 그는 포르투갈의 왕에게 인도로 가는 탐험 항해를 후원해 줄 것을 요청했으나 거절당하자, 에스파냐로 향했다. 우여곡절 끝에, 1492년 4월 17일 이사벨 여왕과 페르디난도 왕으로부터 신대륙 탐험에 대한 후원을 확약 받는다. 이탈리아 출신의 평민인 콜럼버스는 자신과 후손들에게 귀족의 칭호인 '돈Don'과 제독의 계급을 요구했다. 새로 발견된 땅에서 얻을 수입의 10%를 자신에게 배당하고, 모든 무역 거래의 8분의 1을 자신의 지분으로 해달라고도 하였다. 또한, 그가 발견한 땅이 식민지가 될 경우 자신을 총독으로 임명해 달라는 요구도 하였다. 이러한 엄청난 조건은 그가 포르투갈 왕에게 제시한 조건과도 같았는데, 이사벨 여왕은 결국 콜럼버스가 원하는 조건을 승인하였다. 여왕은 처음 계약을 체결한 뒤에도 계속 지원을 미뤘기 때문에, 처음 약속한 뒤 6년이 지나서 첫 항해가 이루어지게 된 것이다.

카스티야의 이사벨 여왕과 콜럼버스.

그의 항해는 기독교의 전도나 미지의 세계에 대한 탐험보다는 인도와의 교역으로 얻을 수 있는 각종 향신료와 같은 재물을 얻는 것이 목적이었다. 그는 총 4차례에 걸쳐 아메리카 대륙으로의 항해를 떠났다. 첫 번째 항해는 1492년 8월 3일 출발하여 10월 12일에 현재의 바하마 제도의 섬에 도착하였고, 이 섬을 '구세주의 섬'이라는 뜻의 '산살바도르'로 명명하였다. 그리고는 쿠바와 히스파니올라(현재의 아이티)에까지 도달하였다. 콜럼버스는 원주민들을 인도 사람이라는 뜻인 '인디오'라고 불렀고 그곳을 일본이나 중국의 해변이라고 생각하였기에 마르코 폴로의 《동방견문록》에 나오는 황제인 '그레이트 칸'과 금은보화를 찾으러 돌아다녔다고 한다. 탐험 도중에 산타마리아호가 파손되자, 한 섬에 약 40명의 선원을 남긴 후 '이스파니올라'라고 명명하였다. 그는 1492년 12월 에스파냐로 귀국하였고, 왕 부부로부터 '신세계'의 부왕으로 임명되었다. 그의 귀국 장면은 기록으로 남아 있다.

"콜럼버스는 의기양양하게 왕국으로 향하였다. 물고기 뼈와 금 장신구로 머리 장식을 한 인디언들과 화려한 앵무새를 비롯한 여러 종류의 새를 지니고 행진하는 이 용감한 모험가의 특이한 행렬을 보기 위해 농부와 귀족들이 모여들었다. 하인들은 순금과 호박을 들고 그와 선장들의 뒤를 따랐다. 바르셀로나 왕궁에 그가 들어서자 귀족들이 일제히 일어섰다. 이것은 이 나라에서 가장 저명한 귀족들만 누릴 수 있는 존경의 표시였다. 왕궁에 홀로 들어선 그가 페르디난도와 이사벨 앞에 무릎을 꿇자, 두 사람은 그를 일으켜 세우고, 여왕의 오른편에 앉아 모험담을 이야기하도록 했다."

그는 이때, 신대륙에는 금광이 많다는 거짓말을 했다.

두 번째 항해는 1493년에 17척의 배와 1,200명의 대 탐험단으

콜럼버스의 항해 지도와 그가 읽었던 《동방견문록》, 1490년.

로 구성되었다. 대부분은 그의 선전을 믿고 금을 캐러 가는 사람들이었다. 선단이 히스파니올라 도착해 보니, 1차 항해 시에 남겨 두었던 식민지 개척자들은 타이노 원주민들의 저항으로 모두 살해되고 없었다. 콜럼버스는 여기에 식민지인 이사벨라시를 건설하고, 토지는 모두 에스파냐인에게 나누어 주었다. 원주민들에게는 세금을 부과하고 경작과 금 채굴과 같은 부역을 명령하였다. 그러나 예상과는 달리 금의 산출량이 보잘 것 없어서, 약속을 한 금을 에스파냐로 보낼 수 없었다. 보낼 수 있는 특산물은 노예뿐이었다. 이 때문에 콜럼버스는 1496년 본국으로 돌아와서 문책을 당하였다. 결국 수백 명의 원주민이 유럽으로 보내졌고 다수는 그 과정에서 죽었다. 남은 원주민들도 할당된 금을 채우지 못하면 수족이 잘렸다. 많은 원주민들이 도망갔으나 에스파냐인들은 이들을 사냥하듯이 죽였고, 절망 속에서 동반 자살하는 원주민들도 많았다. 유럽에서 전파된 천연두와 같은 질병이 퍼져서 50년이 지나자 수십만 명의 카리브 해 원주민들이 사망했다. 25만 명이었던 타이노 원주민은 60년 뒤 겨우 수백 명만 살아남았다.

콜럼버스의 네 번의 항해에서, 두 번째 항해 이후부터는 왕과 여왕이 콜럼버스를 멀리하기 시작했다. 1498년의 세 번째 항해에서도 원하는 금은보화는 얻지 못하였다. 오히려 항해 도중에 히스파니올라에서 반란이 발생하여, 본국으로 송환되었다. 여러 차례의 갈등 끝에, 1502년 콜럼버스는 왕이 지원해준 작은 배 4척으로 마지막 항해를 떠났다. 동참하는 사람도 거의 없었다. 이 항해에서도 금은보화를 찾지 못한 콜럼버스는 1년 동안 자메이카 해안에 갇혀 고생 하다가 1504년에 에스파냐로 돌아왔다. 스페인 왕실은 항해에서 돌아온 그를 외면하였다. 그해 그를 후원하던 이사벨 여왕이 죽고 페르디난도 2세가 즉위하자 신하들은 그는 사기꾼이므로 처형해야 한다고 주장했다. 콜럼버스는 재산과 제독 직위를 압수당한 채 비참한 노년을 보내게 된다.

콜럼버스는 좌절한 가운데 관절염에 시달리다가 1506년 스페인 남부 바야돌리드에서 55세에 사망하였다. 에스파냐 왕실은 그의 장례식에 아무도 참석하지 않았다. 유해는 수도원에 매장되었다가, 그가 남긴 유언에 따라 36년 뒤 아들 디에고가 총독으로 부임할 때 식민지 도미니카의 산토도밍고로 이장하였다. 그

좌 : 세비야 성당의 콜럼버스 청동관. 우 : 산토도밍고 콜럼버스 기념 등대의 유골함.

러나 1795년 프랑스가 이 지역을 점령하자, 쿠바의 하바나로 다시 이장되었다. 1898년 쿠바가 독립하자 유골은 훼손을 우려하여 다시 스페인으로 운구되어 세비아 성당에 안치되었다. 세비아 성당에는 콜럼버스의 유언에 따라 매장 대신 아래쪽에 서 있는 네 사람의 조각상이 관을 받들고 있는 청동 무덤이 만들어졌다. 조각의 네 사람은 14세기 카스티야, 레온, 아라곤, 나바라의 왕이다. 콜럼버스는 '죽어서도 스페인 땅을 밟고 싶지 않다. 내가 발견했던 히스파뇰라 섬(도미니카)에 묻어 달라' 는 유언을 남겼다. 이에 따라, 그의 유해가 세비야에 돌아왔으나 스페인 땅에 닿지 않도록 콜럼버스의 관을 스페인 왕들의 어깨 위에 올려

놓은 것이다. 1877년 도미니카의 산토도밍고 성당의 공사 도중, '저명하고 고귀한 남작, 돈 크리스토퍼 콜럼버스'라고 새겨진 납 상자에 든 유골의 일부가 발견되었다. 도미니카 정부는 1992년 콜럼버스 기념 등대라는 기념관을 짓고 건물 중앙에 유해가 든 납 상자를 안치했다. 스페인은 DNA검사로 세비야의 유해가 콜럼버스의 것이라고 밝혔으나, 도미니카는 상자의 유골에 대한 DNA 조사는 허용하지 않고 있다. 두 나라는 서로 진짜 콜럼버스의 유해를 지키고 있다고 주장하고 있는 것이다.

콜럼버스는 죽을 때까지 자기가 발견한 땅을 인도의 일부라고 믿었다. 이 때문에 신대륙은 그의 이름 대신에 플로렌스의 탐험가 아메리고 베스푸치의 이름을 따서 아메리카라고 불리게 되었다. 사실 이 대륙에 오래 전부터 살고 있었던 원주민들에게는 콜럼버스가 신대륙을 발견했다고 선언한 것은 마른하늘에 날벼락이 친 것이나 다름없는 일이다. 이미 선사시대부터 아시아인들이 베링 해협을 건너 아메리카 대륙에 정착하고 있었기 때문이다. 그러나 콜럼버스의 항해가 유럽인들의 세계관을 완전히 바꿔 놓았다는 점은 확실하다.

사도 위에 사도 없고, 주교 위에 주교 없다
동방 정교회와 러시아 바실리카 성당

　　1999년 겨울에 우크라이나의 여성 공예가가 경매
사이트에 올린 나무로 만든 러시아 성당 모양의 종을 보았다. 화
려한 원색의 성당 건물, 동그란 첨탑 위의 뾰족한 구슬 모양의
지붕, 조금은 색다른 모양의 십자가가 있는 러시아 정교회 바실
리카 성당 종은 무척 아름다웠다. 경매가 종료되던 이른 새벽에
일어나서, 졸음과 씨름하며 경매에 참여하였다. 다행히 그녀가
올렸던 많은 나무 종들을 비교적 저렴하게 구입할 수 있었다. 당
시에는 러시아 은행으로의 전자 송금은 쉽지 않았기에, 그녀가
사는 키에프의 주소에 구입가와 송료를 합한 금액을 특급 우편
환으로 송금하였다. 그러나 한 달을 기다린 끝에 나에게 배달된

작은 소포에는 나무로 만든 3개의 작은 반지함이 들어있었다. 그녀에게 다시 연락을 한 결과, 반지함은 같은 시기에 미국 텍사스의 할머니가 구입한 것이었고, 나의 종이 들어 있던 큰 화물 박스는 미국으로 배달된 것이다. 몇 차례에 걸친 삼자 간의 전자우편 연락 끝에 내가 받은 물품을 미국으로 보내고, 텍사스 할머니는 종이 담긴 큰 박스를 나에게 보내주는 것으로 결론이 났다. 명백한 실수였으므로 내가 미국으로 보내고, 미국 아줌마가 나에게 보내는 상당한 금액의 우편료는 우크라이나의 그녀가 다시 부담을 해야 했다. 미국으로 소포를 다시 보내고 2개월이 지나서야 나무 종은 나에게 도착했다. 아래의 사진이 우여곡절 끝에 구입한 러시아의 목재 성당의 일부인데, 내부에 금속 종이 달려 있다.

기독교는 1세기의 초대 교회에서 시작된 후, 로마 시대에는 예루살렘을 시작으로 안티오키아(터키 소아시아), 이집트 알렉산드리아, 콘스탄티노폴리스(현재의 이스탄불), 로마 등 5개 지역을 중심으로 선교 활동이 전개되었다. 이들 5대 교회들은 유기적인 공동체를 형성하면서 세계 공의회를 통해 기초 교리와 전례를 공식적으로 완성하여 기독교의 체계를 만들었다.

　313년 기독교를 공인하였던 로마의 콘스탄티누스 황제가 제국의 수도를 그리스의 콘스탄티노폴리스로 천도한다. 이어 기독교를 국교화한(392년) 테오도시우스 황제가 죽으면서 콘스탄티노폴리스가 중심인 동방 지역은 장남에게, 로마가 중심인 서방은 차남에게 물려주어서 로마 제국은 동서로 분열된다. 이에 따라 기독교도 동방교회와 서방교회로 나누어지게 되었다.

　서로마 제국은 이미 여러 면에서 불안정하였고 국가의 위상도 약화된 상태였으나, 로마 총대주교인 교황의 권위와 권력은 매우 컸다. 476년 서로마 제국이 게르만에 멸망하였음에도, 로마 교황의 권위는 더욱 높아졌다. 이때부터, 교황은 전체 기독교 세계의 수장이라고 주장하게 된다. 동로마 황제와 콘스탄티노플 총대주교는 여기에 강력하게 반대하며 나섰다. 동방교회는 교황은 로마를 포함한 서방의 총대주교로서 자신의 교구를 관장하며 다른 교구에 대해서는 간섭하지 못한다고 한 것이다. 교황은 총대주교들 간에 분쟁이 발생할 경우 중재자로서 최고의 발언권을 가지는 명예로운 자리일 뿐이라고 하였다. 즉 서방교회의 수장일 뿐이며, 그 권한은 다른 교구의 총대주교들과 동등하다는 것이다. 동방과 서방의 교회는 서로 대립하기 시작하였다. 또한 성령은 성부로부터만 발현한다는 동방교회와, 성령이 성부와 함께 성자로부터도 동시에 발현한다는 서방교회 간의 신학 논쟁으로 양쪽의 싸움은 가열되어 갔다.

정교회 성상 '까잔의 성모'와 천주교회 성상 '파티마의 성모'.

7세기경 이슬람이 번성하며 안티오키아, 알렉산드리아, 예루살렘의 기독교 총 대주교좌 지역은 이슬람의 지배하에 들어갔다. 점령지에서 기독교는 인정되었지만, 신도들은 이등시민 대접을 받았다. 기독교권은 로마와 콘스탄티누폴리스 총 대주교좌만 남게 되었고, 상대적으로 동로마 황제가 직접 지배하던 콘스탄티노폴리스 교회의 권위가 강화된다. 8~9세기 동로마 황제는 성상숭배 금지령을 내린다. 당시 이슬람에서는 성상은 우상을 숭배하는 것이므로 기독교 예배에서도 성상을 이용하는 것을 금지했었다. 우상 파괴 운동은 이슬람교에서 시작되었으나, 우상 배척은 기독교의 10계명에도 있었다. 소아시아를 중심으로 교회에서도 성상 파괴 운동이 일어났다. 그러나 서유럽 지역은 성상 파괴 운동에 강력하게 저항하였고, 신도들이 반란을 일으키기도 하였다. 787년 동로마의 황제가 공의회를 소집하여 성상을 허용한다고 확정하며 성상 파괴는 중지되었으나, 앙금은 계속 남았다. 이후 양교회의 관계는 더욱 악화되어 갔다. 마침내 1054년 동로마 황제가 로마교회를 파문하고, 로마교회도 맞대응함으로써 완전하게 갈라지게 된다. 서방은 로마 총대주교를 교황으로 하는 '천주교'로, 동방은 콘스탄티노폴리스 대주교를 세계 총대주교로 하는 '정교회正敎會, The Orthodox Church'로 분리된 것이다.

그러나 이후에도 양 교회는 계속 교류를 하였다. 완전한 동·서 교회의 분열은 1204년의 제4차 십자군 원정에 기인한다. 예루살렘 성지를 탈환하기 위하여 출전한 십자군은 원정길에 있던 동로마 제국을 침범하여, 콘스탄티노폴리스를 함락시켜 약탈과 파괴를 자행하였다. 특히 성당의 제단, 십자가와 성상, 성인들의 유해를 탈취하고, 정교회의 성직자들도 함께 살상한 일은 동로마제국 국민들에게 깊은 상처를 남겼다. 정교회 신도들은 로마에 대한 반감으로 동·서 교회의 합의도 거부하게 된다. 이후 동로마 제국이 오스만투르크에 패망하며 이슬람 치하로 넘어가면서, 동서 교회는 영구적으로 분리된 것이다.

모스코바 성 바실 바실리카 성당과 종소리가 나는 성당 모형 오르골.

동방 정교의 선교는 동로마를 중심으로 슬라브 민족 지역으로 확대되었다. 9세기의 키릴로스와 메토디오스 형제는 선교를 하며, 문자가 없던 슬라브족을 위해서 문자를 고안하고 성서를 번역하였다. 러시아의 전교는 10세기에는 키예프 대공국의 블라디미르 1세가 정교회를 국교화하고, 키예프에 첫 교회가 세워지면서 진행되었다. 현재 러시아 국민의 75%이상이 정교회 신자이다. 정교회는 종교의 역할 뿐만 아니라, 문맹을 퇴치시키고 때로는 법률의 역할도 했다. 나라의 통합을 촉진하는 계기가 되었고, 한편으로는 기독교 세계와 유대하는 기반을 마련해 주었다. 정교와 함께 러시아에는 비잔틴문화도 도입되었고, 이는 문학, 예술, 문화와 국민의 삶에도 큰 영향을 주었다. 비잔틴의 영향은 건축에도 뚜렷해졌으며, 많은 성당과 수도원이 세워졌다. 비잔틴 양식의 프레스코, 모자이크, 부조 성화상이 건물 내부를 장식했다.

모스크바의 붉은 광장에는 성 바실의 바실리카St. Basil' s Basilica 정교회 성당이 있다. 바실리카는 고대 로마의 큰 지붕이 있는 공공건물을 가리키는 라틴어였다. 로마의 기독교 공인 이후에는 바실리카는 유서 깊고 교황이 특별한 전례 의식을 거행하는 큰 성당을 말한다. 가톨릭과 정교회는 오래된 교회나 성인, 중요한 역사적 사건, 또는 정교회의 총대주교 등과 관련된 국제적인 예배 중심지 교회를 바실리카라고 한다. 러시아 정교회의 십자가는 보통의 십자가인 라틴 십자가와는 다르게 이중 십자가이다. 이 십자가는 예수의 다리를 받치고 있는 부분이 길고 기울어져 있어 '정의의 십자가 저울' 이라고도 한다. 아래쪽 십자가의 오른편이 위쪽으로 높은 것이다. 예수가 처형될 당시에 양쪽에는 강도 두 명이 같이 십자가에 매달렸다고 한다. 그중 예수를 섬기

러시아 정교회 십자가.

며 회개한 쪽인 오른쪽의 사형수는 구원을 받고 천국으로 갔으
므로 십자가의 그 쪽이 하늘을 향하고 있다고 한다.

오늘날 정교회는 그리스, 키프로스, 그리고 세르비아, 루마니
아 등의 동유럽 국가, 구 러시아의 여러 공화국에 주로 분포하고
있다. 가톨릭의 중앙 집권적 체제와는 달리 정교회들은 국가별,
민족별로 각각 서로 독립적이고 자주적인 연합 관계를 유지하고
있다. 동로마 시절에는 그리스 교회가 중심이었으나, 동로마가
멸망한 뒤에는 러시아 교회가 중심이 되었다.

오랜 시간에 거처 분리된 정교회와 가톨릭 사이에는 몇 가지 차이점이 존재한다. 첫째 교리의 '삼위일체론'이다. 정교회는 성부로부터 성자 예수가 탄생하였으며, 성부로부터 성령이 '발현'한다고 한다. 가톨릭교회는 성부로부터 성자 예수께서 탄생하였고, 성자와 성부로부터 성령이 발현한다는 '이중발현'을 주장한다. 두 번째는 성체와 성혈이다. 정교회는 성직자와 평신도 모두가 성체와 성혈 두 가지를 먹고 마시는데 가톨릭에는 성직자들만 성체와 성혈 두 가지를 먹고 마시며 평신도들은 성체만 먹는다. 정교회는 누룩을 넣은 빵을 사용하고, 가톨릭은 전병 모양의 얇고 흰 빵으로 성체를 한다. 세 번째는 성상聖像의 차이이다. 가톨릭교회는 예수와 성모의 조각성상이 있으나, 정교회에는 성상을 깎지 않고 그림과 벽화로만 되어 있다. 네 번째는 성직자의 결혼문제이다. 가톨릭 성직자는 모두 미혼이나 정교회 성직자는 유부남과 독신남이 공존하고, 수녀들도 과부거나 남편이 수사가 되어 수녀가 된 분도 있다. 하위 성직 사제는 결혼한 성직자도 맡을 수 있지만 주교는 결혼하지 않은 성직자들만 맡을 수 있다. 그러나 신부가 된 후에는 결혼을 못하고, 유부남 신부는 부인이 죽어도 다시 결혼하지는 못한다. 마지막으로는 교황에 대한 문제이다. 가톨릭에서 교황은 그리스도의 대리인이고, 성 베드로의 후계자이자 주교 위의 주교인 분이나, 정교회에서는 교황을

프란치스코 가톨릭 교황과 러시아 정교회의 키릴 총대주교 간의 천 년만의 만남.
2016년 2월 쿠바 아바나. AP 뉴스.

많은 주교 중의 한 분으로 생각한다. 모든 주교들은 사도들의 후
계자로 서로 동등하다는 것이다. 정교회에는 '사도 위에 사도 없
고, 주교 위에 주교 없다.'라는 말이 있다.

　오래전에 그리스에서 개최된 학회에서 회장 초청 연회가 마련
되어 아테네 근교의 중세 수도원을 방문한 기억이 있다. 버스로
한 시간 이상을 이동하여 올리브 나무가 가득한 나지막한 언덕

위에 위치한 조용한 건물이었다. 거기에서 만났던 그리스 정교회 신부들은 검은색 모자와 수도복 차림이었고, 모두 긴 수염을 한 할아버지 같은 모습이었다. 평화로운 종소리가 울려 퍼지던 정교회와 아름다운 화음의 성가를 부르던 수도자들의 모습에서 코소보에서 이슬람을 학살하였던 세르비아 정교의 밀로셰비치를 상상하기는 힘들었다. 그러나 엄숙한 침묵 뒤에는 교리 논쟁으로 분열을 거듭하며 신의 이름으로 상대방을 핍박하던 종교의 배타적 야만성이 아직도 숨어 있는 것 같다. 아니 IS(이슬람국가)를 통하여 나타난 것과 같이, 더욱 극단으로 진화하고 있는지도 모르겠다.

국민들은 강하면서도 온화한 사람들을 오래 기억한다
메리 1세와 엘리자베스 1세 여왕

고등학교 시절, 리차드 버튼과 주느뷰 뷔죨드가 주연한 영화 〈천일의 앤〉을 흑백 TV로 처음 보았다. 영화는 영국 헨리 8세의 두 번째 부인인 앤 볼린이 왕을 처음 만나는 순간부터다. 왕과 결혼하여 후일 여왕이 되는 엘리자베스를 출산하나, 결국은 왕의 미움을 받아 1536년 간통이란 죄명으로 처형되기까지의 1000일 가량의 시간을 다루었다. 왕이 앤 볼린을 처형하기 위해 재상 크롬웰이 가져온 문서에 서명을 하면서, 자신이 앤과 결혼하기 위하여 안달하던 모습을 회상하는 것으로 시작된다. 이 영화에는 서로 갈등하고 반목하는 많은 인물들이 등장하는데, 이들의 관계를 알아야만 내용을 잘 이해할 수 있다. 최근 천

연색 TV로 이 영화로 다시 보며, 6명이나 되는 헨리 8세의 부인들과 자식들의 관계를 정리하였다.

헨리 8세의 6 부인과 16세기 영국 왕의 재위 기간

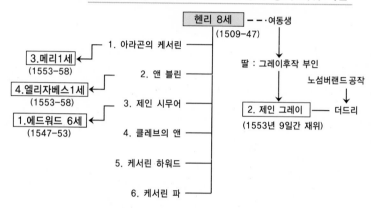

잉글랜드 튜더 왕조의 두 번째 왕인 헨리 8세는 군사력의 증강에 힘써서 웨일즈를 정복하여 잉글랜드에 병합하고 스코틀랜드와 프랑스와의 전쟁에서 큰 승리를 거둔 강력한 군주였다. 특히 영국 성공회를 만들어 종교개혁의 주역이 되었다. 2남 1녀 자식들은 모두가 헨리 8세 사후에 잉글랜드의 왕이 되었고, 딸 엘리자베스 1세 여왕은 스페인의 무적함대를 격파하며 대영제국의 전성시대를 열었다. 헨리는 공식적으로 모두 여섯 명의 왕비를 두었는데, 그중 두 번째와 다섯 번째 부인인 앤 볼린과 케서린

하워드를 간통과 모반의 죄로 처형하고 세 명의 왕비와는 이혼한 비정한 남성이었다. 네 번째 왕비인 독일 클레베스 공작의 딸 앤은 영국 왕실의 궁정화가가 독일로 가서 그려 보냈던 아름다운 모습의 초상화를 보고 결혼한 경우였는데, 왕은 그녀의 실제 모습에 실망하여 이혼을 하였다. 그 결혼을 주선하였던 신하인 토마스 크롬웰는 책임을 추궁당하여 처형되었다. 헨리 8세 시대의 다양하고 파란만장한 사건들은 이후 문학이나 영화, 그리고 드라마의 단골 소재가 된 것이다.

헨리 7세의 큰 아들인 아서가 젊어서 사망하자, 잉글랜드와 에스파냐 두 왕실은 정략적으로 아서의 동생인 헨리를 형수 케서린과 결혼시켰고, 그가 헨리 8세로 즉위한 것이다. 케서린은 아라곤-카스티야 연합왕국(에스파냐)의 공동 통치자인 이사벨 1세와 페르난도 2세의 딸이었는데, 영국에서 혼례도 치르기 전에 아서가 사망한 것이다. 헨리와 케서린 부부는 다섯 자녀를 낳았지만, 딸 메리 외에는 모두 어린 나이에 사망하였다. 왕은 왕위를 이을 아들의 출산을 원하였으나 결국 이루어지지 못하였고, 두 사람의 사이는 파탄에 이른다. 헨리는 케서린과의 이혼을 원하였으나, 로마 교황청이 승인을 하지 않았다. 헨리 8세는 가톨릭과 결별을 선언하고 영국 성공회를 만들고 스스로 수장이 되어 이혼하였다. 케서린 왕비는 이후 가톨릭에 의지하여 조용하게 여생을 보냈다. 케서린의 딸 메리는 한때 헨리 8세의 왕위 계승자로 인정되었으나, 두 번째 왕비가 된 앤 볼린에 의하여 왕의 사생아로 신분이 격하되었다. 메리는 이복동생이자 앤 왕비의 딸인 엘리자베스의 시녀로 봉사하며 살기도 했는데, 헨리 8세의 6번째 부인인 케서린 파에 의해서 겨우 공주의 지위를 회복하였다.

좌 : 아라곤의 케서린 초상화.
우 : 머리를 한번 움직이며 계속해서 몸체를 치며 종소리를 내는 노더(nodder), 1975년작.

앤 볼린은 외교관인 아버지를 따라 프랑스에서 3년간 지내다가 귀국한 예절 바르고 매력적인 처녀였다. 헨리 8세는 무도회에서 처음 본 열다섯 살인 앤의 상큼함에 반하여 계속 구애를 한다. 그러나 앤이 냉담하자 왕은 그녀를 케서린 왕비의 시종으로 궁정으로 불러들이고, 지속적으로 청혼을 하였다. 궁정에서 권력의 재미를 느끼게 된 앤은 왕과 결혼하여 아들을 낳아 주는 대신 자신에게는 잉글랜드 왕비의 신분이 주어져야 하며, 자신의 아들이 왕위를 계승해야 한다고 주장하고 이를 결혼 조건으로 관철시켰다. 헨리 8세는 끝까지 이혼을 반대하던 유토피아의 저자 토마스 무어를 처형하고 교황청을 무시하며 결국 이혼 후 앤과 결혼하였다. 그러나 앤 불린은 엘리자베스 공주를 출산하여 왕자를 바라는 왕을 실망시켰다. 또한 엘리자베스 공주의 왕위 계승권과 관련되어 많은 사람들이 처형되는 사건이 발생하게 되자, 헨리 8세는 앤과의 이혼을 결심한다. 앤은 신하와 간통하였다는 죄명으로 런던탑에 유폐되었다. 크롬웰이 주재한 재판에서 간통죄에 대해 무죄가 판결되었으나, 그녀는 이혼을 거부하고 계속해서 딸의 왕위 계승권을 주장하였다. 이미 앤 볼린의 시종인 제인 시무어를 사랑하고 있던 왕이 앤의 참수형을 명령한 것이다. 앤이 처형되자 딸 엘리자베스도 언니 메리처럼 사생아로 격하되었고, 생명을 위협받는 처지가 되었다.

세 번째 왕비가 된 제인 시무어가 마침내 에드워드를 출산하나, 제인은 출산 후 산욕중으로 바로 사망한다. 1547년 헨리 8세

헨리 8세와 앤 불린의 초상, 그리고 영화 〈천일의 앤〉 포스터.

가 사망하자 열 살에 불과한 아들 에드워드 6세가 즉위하였으나, 병약한 그는 불과 6년 만에 사망하였다. 당시 잉글랜드의 권력자인 노섬벌랜드 공작 존 더들리는 왕이 오래 살지 못할 것이라 예상하고는 그의 권력을 유지시키기 위한 공작을 꾸몄다. 자기 아들인 길드포드를 에드워드 6세의 5촌 조카인 제인 그레이와 결혼시키고, 병석의 왕을 설득해 제인 그레이에게 왕위를 승계한다는 유언을 남기게 했다. 제인은 갑작스럽게 여왕에 즉위하였는데, 성공회를 후원하던 에드워드가 가톨릭인 누이 메리를 싫어했을 것으로 추측된다. 유력한 왕위 계승권자였던 메리는 목숨을 지키기 위하여 지방으로 도망을 가야했다.

그러나 국민들은 제인보다는 왕의 누나들인 메리와 엘리자베스가 왕위를 계승하여야 한다고 믿었다. 특히 오랫동안 불행한 시기를 보내야 했던 메리를 동정하였다. 마침내 존 더들리의 권력욕에 분노한 귀족과 민중들이 봉기하였고, 메리를 옹립하여 런던으로 입성하였다. 메리는 메리 1세로 즉위했고, 열여섯 살에 불과했던 제인 그레이는 단 9일 만에 폐위되고 더들리 공작과 함께 처형당하였다. 제인은 본인의 의사보다는 더들리 공작과 부모인 그레이 후작 부부의 욕망으로 여왕에 옹립되었지만, 살려두면 계속하여 왕권을 위협하는 신교 세력의 상징이 될 수 있었다. 메리 1세는 가톨릭으로 끝까지 개종하라고 권유하였으나 제

좌 : 피의 메리(Bloody Mary)로 불렸던 튜더왕가의 메리 1세, 1544년경.
우 : 피를 연상시키는 칵테일인 블러디 메리. 보드카가 베이스이고 레몬과 토마토 주스에 우스터 소스, 타바스코, 소금 후추를 적당하게 섞는다.

인은 이를 거부하며 처형되었다. 그러나 이복동생인 엘리자베스
는 메리에게 복종하여 무사하였다.

　어머니를 따라 가톨릭교도였던 메리 1세는 전임 왕들의 신교
정책을 폐지하고 가톨릭으로의 복귀를 선언하였다. 많은 신교도
들이 탄압을 피해 국외로 탈출했고, 300명에 달하는 성공회 주교
들과 개신교 신자들이 화형에 처해졌다. 그녀는 가톨릭 국가 에
스파냐를 지지하였고, 신성로마제국의 카를 5세의 아들인 에스
파냐의 왕자 필리페와 결혼하였다. 필리페는 38세였던 메리보다
11살이 적었고, 메리는 필리페의 아이를 가지고 싶어 했으나 출
산하지 못하였다. 필리페는 영국에서 1년을 보내고 에스파냐로
돌아가서 필리페 2세 왕이 된다. 이 결혼으로 잉글랜드는 에스
파냐와 프랑스의 전쟁에 참여하게 되었고, 유럽 대륙에 있던 유
일한 자국 영토인 칼레를 잃어 국민들에게도 큰 실망을 주었다.
그녀는 5년 남짓 왕으로 재위하였고, 1558년 죽기 전날이 되어
서야 앙금이 있던 이복동생 엘리자베스에게 왕위 이양을 선언
하였다.

　그녀에게 '블러디 메리'라는 끔찍한 별명이 붙은 이유는 공포
정치와 신교도와 성공회 신부들을 잔인하게 탄압했기 때문이었
다. 그녀가 죽자 국민들은 새 여왕인 엘리자베스의 즉위를 환영

하고, 메리의 사망일을 이후 200년 동안이나 '압정에서 해방된 날'로 기념하였다. 그러나 신교도인 후대의 왕들이 가톨릭인 그녀를 폄하하기 위한 모함이라고 주장하는 사람들도 있다.

25세에 즉위한 엘리자베스 1세는 언니 못지않게 파란만장한 젊은 시절을 보냈다. 어머니 앤 볼린이 처형된 후, 서자의 신분으로 한때는 왕비의 시종으로 지내기도 했다. 메리 1세 때에 일어난 반란에서 체포된 주동자가 고문 끝에 엘리자베스가 반란에 연관되었다고 허위 자백을 하는 바람에 런던탑에 유폐되기도 하였다. 어려운 시절을 견디어 왔던 엘리자베스는 의회가 여왕의 등극을 승인하자 "위대하신 신의 조화입니다."라고 말했다. 그

좌 : 엘리자베스 1세의 초상화.
중 : 1970년 영국 고행사의 '역사를 바꾼 6명의 여성' 시리즈 중 은도금 청동 종.
우 : 청동 종, 1900년 초 영국. 높이 21cm.

녀는 평생 결혼하지 않은 '처녀여왕'인 것으로도 유명하다. 형부였던 필리페 2세를 비롯한 많은 외국 왕가의 청혼에 "나는 영국과 결혼했다."라고 거절하였다.

엘리자베스 1세는 즉위한 후 가톨릭교회, 외국으로부터의 영국의 독립을 표명하며, 강한 국가의 절대왕권을 마련하는 기틀을 마련하였다. 당시 프랑스의 앙리 2세는 엘리자베스 1세의 즉위를 간섭하며 프랑스에서 자란 스코틀랜드의 메리 스튜어트 여왕에게 계승권이 있다고 주장하였다. 엘리자베스 여왕은 스코틀랜드의 메리 여왕에게 반감을 품게 되었다. 그 결과로 스코틀랜드의 왕에서 폐위된 메리가 잉글랜드로 망명하였으나, 20년간 감금당하다가 결국은 처형당한 것이다. 가톨릭인 메리 스튜어트여왕을 처형한 것은 주변 국가들의 분노를 샀다. 에스파냐의 펠리페 2세는 이 사건을 기화로 '무적함대'를 영국으로 출전시켰으나, 폭풍우와 영국 해군의 공격으로 사실상 전멸되었다. 엘리자베스는 45년간 재위하며 능숙한 외교술과 강력한 제해권을 바탕으로 영국을 최강국으로 만들었고, 영국 국민들은 지금도 '훌륭한 여왕 베스Good Queen Bess'라고 부르며 그녀를 영웅으로 칭송하고 있다. 그녀는 사망하며, "나만큼 백성을 사랑하는 군주는 지금까지 없었고 앞으로도 없을 것이다."라는 말을 남겼다고 한다.

헨리 8세와 그의 왕비 아라곤의 케서린과 앤 볼린, 제인 시무어…, 에드워드 6세와 메리 1세 및 엘리자베스 1세, 9일 동안 여왕이었던 제인 그레이. 한 시대를 지배했거나 비련의 삶을 산 사람들이다. 이들 중에서 영국민들이 '종'으로 만들어 곁에 두고, 그들이 만들어 내는 딸랑딸랑 소리를 듣고 싶어 한 인물은 아라곤의 케서린 왕비와 엘리자베스 1세 여왕이었다. 권력의 여부를 떠나서, 두 사람 모두는 꿋꿋하게 모든 어려움을 견디어 냈고, 미련 없이 자기가 가야할 길로 전진한 사람이었다. 국민들은 강하면서도 온화한 사람들을 가까이에 두고 오래오래 기억하고자 한 것 같다.

영국에서 헨리 8세가 활동한 16세기는 조선은 중종과 인종, 그리고 엘리자베스 1세가 통치하던 시기에는 임진왜란으로 온 나라가 전란에 휩쓸린 선조가 통치하던 시기였다.

불꽃같은 삶을 살고 그 불꽃에 스스로를 태우다
스코틀랜드의 여왕 메리

1587년 2월 8일, 메리 여왕의 기도가 끝나자 사형 집행인들은 여왕에게 무릎을 꿇고 자기들의 역할을 용서해 달라고 말했다. 여왕은 "나는 진심으로 그대들을 용서하네. 그대들이 나의 모든 괴로움을 끝내 줄 것으로 기대하기 때문이네."라고 하였다. 집행인과 두 명의 시녀는 여왕을 부축하여 일으킨 후 겉옷을 벗겼다. 여왕은 어린 양이 새겨진 목걸이를 벗어 시녀에게 주었고, 염주와 옷을 벗기는 것에 대한 슬픔보다는 기쁨을 느끼는 듯 보였다. 즐거운 미소를 지으며 "이렇게 옷을 벗겨 주는 남편을 가진 적이 없었고, 이렇게 사람들 앞에서 옷을 벗어본 적도 없었다."고 말했다. 여왕이 속옷과 가운만을 입은 상태가 되자,

〈스코틀랜드여왕 메리의 처형〉, 아벨 드 푸홀 그림, 19세기 초.

시녀들은 눈물을 흘리며 성호를 긋고 기도를 드리기 시작했다. 여왕은 그들을 품에 안고 키스를 하며 "너희들을 위해 기도했다. 너희들도 나를 위해 기도해 다오. 울지 말고 기뻐해 달라."고 하였다. 처형대 근처에 있던 시종들도 눈물을 흘리며 기도를 드리자, 여왕은 그들에게도 작별 인사를 하며 마지막까지 자신을 위해 기도해 달라고 했다. 시녀가 성체 보자기에 키스를 한 다음 보자기를 여왕의 머리에 씌우고 고정시켰다. 여왕은 방석 위에 무릎을 꿇고 찬송가를 부른 후, 도마를 더듬어서 그 위에 머리를 올렸다. 도마 위에 엎드린 여왕은 두 팔을 뻗으며 "주의 손에 내 영혼을 맡기나이다."를 몇 차례 외쳤다. 집행인 하나가 엎드린 여왕의 몸을 살짝 잡자 다른 한 명이 도끼날을 휘둘렀다, 여왕은 아무 소리도 내지 않았다.

집행인은 잘려진 여왕의 머리를 치켜들고 구경하는 사람들에게 "주님이여 여왕을 보우하소서!" 하고 외쳤다. 그러자 수석 사제가 큰 소리로 "여왕의 적들은 이렇게 사라지도다."라고 외쳤다. 이어 켄트 후작이 시체 옆으로 다가와 그녀를 굽어보며 큰 소리로 말했다. "여왕과 복음의 모든 적들에게 이런 최후가 있을지어다." 사형 집행 후 여왕의 다리에 감긴 데님을 풀자, 옷 속에 숨어있던 작은 강아지가 나왔는데, 다리에서 떨어지지 않으려고 해서 겨우 떼어냈다. (스코틀랜드 여왕 메리의 처형,《역사의 원전》, 2007,

바다출판사)

　로버트 윙크필드가 기록으로 남긴 스코틀랜드 여왕 메리의 처형 장면은, 16세기 영국 역사에 한 개의 방점을 찍으면서도 새로운 역사가 써지고 있음을 느끼게 한다. 성공회 사제가 메리 여왕의 처형 후에 외친 또 다른 여왕은 후일 스페인의 무적함대를 격파하고 잉글랜드의 전성시대를 열었던 엘리자베스 1세 여왕이다.

　스코틀랜드 스튜어트 왕가의 메리 스튜어트 여왕(재위:1542~1567년)은 스코틀랜드의 왕 제임스 5세와 왕비 마리 드 기즈 사이에서 태어났다. 왕은 메리가 태어난 지 6일 만에 사망하였고, 메리는 생후 9개월에 스코틀랜드의 여왕이 되었다. 해밀턴 백작과 어머니 기즈가 섭정을 했다. 대부분이 프로테스탄트였던 스코틀랜드 귀족들은 메리가 성인이 될 때까지는 자기들이 국가를 통치를 하겠다고 선언했다. 메리 여왕 할머니의 친동생이었던 잉글랜드의 왕 헨리 8세는 그의 아들 에드워드 6세와 메리를 강압적으로 약혼시키며, 스코틀랜드를 지배하고자 하였다. 이를 거부하자 잉글랜드는 스코틀랜드로 침략하여, 스코틀랜드 군을 초토화 시켰다.

　프랑스 왕족 출신이었던 기즈는 딸의 장래를 걱정하여 잉글랜

좌 : 스코틀랜드의 여왕 메리 스튜어드 초상화.
중 : 1970년 영국 고햄사의 '역사를 바꾼 6명의 여성' 시리즈 중 은도금 청동 종.
우 : 청동 종 1900년경, 높이 21cm.

드의 숙적인 프랑스 앙리 2세 왕의 아들 프랑수아 2세와 약혼시
켰고, 1548년 그녀를 프랑스로 보내 가톨릭으로 키웠다. 메리는
프랑스 궁정에서 다양한 분야에서 훌륭한 교육을 받았고,
180cm가 넘는 큰 키의 아름다운 여인으로 성장하였다. 1558년
(16세) 결혼한 뒤, 다음 해에 남편이 프랑스의 왕으로 즉위하였
으므로 메리는 스코틀랜드 왕과 프랑스의 왕비를 겸하게 된다.
그해에 잉글랜드에서는 프로테스탄트성공회를 신봉하는 엘리
자베스 1세 여왕이 즉위하였다. 그러나 프랑수아 2세가 1년 뒤
에 사망하자, 18살의 메리는 후원자를 잃었고 스코틀랜드로 돌
아와야만 했다.

당시 스코틀랜드는 잉글랜드와 영토 분쟁 중이었고, 국내에서도 종교 분쟁으로 매우 혼란스러웠다. 그녀가 프랑스에 있는 동안 스코틀랜드의 공식 종교가 개신교로 바뀌었고, 가톨릭교도인 메리는 귀족들 사이에서 낯선 이방인이었다. 메리 여왕은 잉글랜드와의 관계 개선에도 힘쓰며, 관용적인 종교 정책을 펼쳐 귀족들을 다시 하나로 모으려고 노력했다.

필자가 정리한 그림표에서 보는 바와 같이 메리는 잉글랜드 여왕 엘리자베스 1세와는 5촌 사이였기에 잉글랜드 왕위에 대한 계승권이 있었다. 엘리자베스는 간통의 죄명으로 처형당한 헨리 8세의 두 번째 부인인 앤 볼린의 딸이었기에, 사생아라는 조롱을 받고 있었다. 이혼이 허용하지 않던 가톨릭 세력은 헨리 8세가 케서린과 이혼하고 앤 볼린과 결혼한 것은 무효이며, 진정한 왕위 계승권자는 엘리자베스가 아니라 스코틀랜드 여왕 메리라는 주장이었다. 프랑스의 앙리 2세는 이런 주장을 펼치며 잉글랜드를 압박했으므로, 엘리자베스 여왕은 스코틀랜드로 돌아온 메리를 경계하기 시작하였다. 1565년 메리는 단리 경卿 헨리 스튜어트와 두 번째 결혼을 한다. 헨리도 잉글랜드 왕족의 혈통이었고 메리의 세 살 아래인 4촌 동생이었다. 두 사람의 결혼으로 엘리자베스 1세는 더욱 경계를 하게 되었다.

두 사람의 결혼이 불만이었던 메리의 이복 오빠인 모레이 백

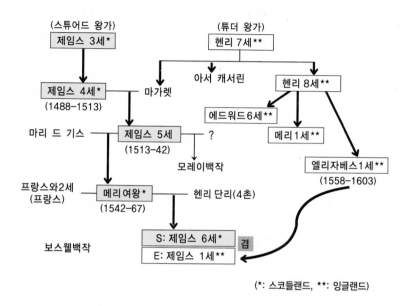

스코틀랜드의 스튜어트 왕가와 잉글랜드 투더 왕가와의 관계 도표.

작은 개신교 귀족들을 모아 반란을 일으켰으나, 곧 진압되었다. 다음 해에 메리는 임신을 하자, 헨리는 자신이 왕의 칭호를 받아야 한다고 주장했다. 그러나 그의 의견이 받아들여지지 않자 메리에게 앙심을 품는다. 그는 귀족들과 공모하여 메리 앞에서 그녀의 신뢰를 받던 비서 데이비드 리찌오를 살해했다. 그러나 헨리와 귀족들에 의해 감금되었던 메리는 무사히 아들 제임스 스튜어트를 낳았다. 그리고는 남편을 설득해 함께 탈출하였다. 일을 주모한 헨리가 갑자기 변심을 하자 귀족들은 분노했고, 1567년 2월, 헨리는 의문의 살해를 당하였다. 헨리의 살해에는 보스웰 백작 제임스 헵번이 결정적인 역할을 했다고 한다. 그해 4월 보스웰 백작은 메리를 납치하여 13일간 같이 지내며 결혼을 강요했고, 추문을 걱정한 메리는 그와 결혼을 하여야 했다.

헨리가 죽은 지 얼마 되지 않아 남편을 죽인 보스웰 백작과 결혼했다는 사실 때문에 국민들 사이에는 메리가 그와 공모하여 남편을 죽였다는 이야기가 퍼졌다. 6월에는 모레이 백작과 프로테스탄트 귀족들이 다시 반란을 일으켰다. 메리는 무력분쟁을 피하기 위해 귀족들에게 항복하고 보스웰 백작은 노르웨이로 도망갔다가 죽었다. 그러나 귀족들은 약속을 어기고 메리를 성에 감금하였고 왕위에서도 물러나게 했다. 그녀의 생후 1년이 지난 아들 제임스가 왕위를 물려받았다. 다음 해1568년에 메리는 탈출하여 다시 군사를 모았으나 바로 진압되었다. 그러자 주위의 만류에도 불구하고, 엘리자베스 1세에게 도움을 청하고자 잉글랜드로 망명을 하였다. 그러나 엘리자베스 1세는 잉글랜드에 도착한 그녀를 칼라일 성에 감금하였고, 메리는 잉글랜드에서 남편 헨리를 죽인 혐의로 유죄를 선고 받았다. 메리는 엘리자베스에게 여러 통의 편지를 썼으나 단 한 번의 만남이나 한 통의 답장도 받지 못했다. 메리는 셰필드에서 18년 동안 계속 유폐되었다.

엘리자베스 1세는 메리를 죽일 생각은 없었다고 한다. 메리는 유폐된 상태에서도 잉글랜드의 왕위 계승권이 자신에게 있다고 주장한다. 메리는 유폐를 벗어나기 위해 처음에는 애원하였으나, 나중에는 반란의 음모에 휘말리게 된다. 엘리자베스 여왕에게 불만을 품은 세력들은 메리를 중심으로 모반을 도모하게 되자, 엘리자베스는 그녀가 더 이상 왕위를 노리지 못 하도록 반역죄로 몰았다. 이때 제시된 증거가 위조된 것 인지는 확실하지 않다. 메리는 재판에서 결백을 주장했지만 유죄 판결을 받았다. 당시 가톨릭을 탄압하던 잉글랜드는 스페인과 프랑스의 개입을 두려워하였으나, 메리가 재판을 받던 때에는 프랑스 내전에 스페인이 개입하고 있어서 이들 가톨릭 국가들을 신경 쓸 필요는 없었다. 스코틀랜드 왕으로 있던 메리의 아들인 스코틀랜드의 왕 제임스 6세1566~1625, 1603년 잉글랜드 왕으로 즉위한 후에는 제임스 1세조차 자기 어머니를 적극적으로 보호하려 하지 않았다. 1587년 2월 8일, 메리는 가톨릭교회의 상징인 빨간색 드레스를 입고서 노스햄프턴셔의 사형장에서 참수되었다. 그러나 가톨릭인 메리의 죽음은 전통적인 가톨릭 왕국인 에스파냐국왕은 펠리페 2세가 잉글랜드를 침략하는 계기가 되었다.

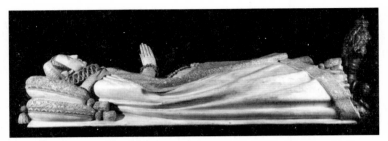

웨스트민스터 사원의 메리 여왕 무덤.

1603년 엘리자베스 1세가 사망하자 메리 여왕의 아들 제임스 스튜어트는 잉글랜드의 왕 제임스 6세로 등극하여 스코틀랜드와 잉글랜드 두 나라의 왕을 겸하게 되었다. 엘리자베스가 죽는 순간까지도 정통적인 왕위 계승자가 될 수 있는 스코틀랜드의 제임스 6세를 후계자로 인정하지 않았던 것만 보더라도 그녀의 내면에는 메리 스튜어트의 존재를 누구보다 의식하였음을 알 수 있다. 제임스는 어머니의 시신을 웨스트민스터 사원으로 모셨다.

영국의 고행사가 역사를 바꾸게 하였던 6명의 여성을 주제로 청동 종을 주조할 때, 비운의 메리 여왕을 그 중 1인으로 선정한 이유를 곰곰이 생각해 보았다. 스코틀랜드에서는 자유분방한 생활로 세 번이나 결혼하였던 메리 여왕은 영웅이자 뛰어난 여왕으로 평가되고 있다. 혼돈에 빠진 국가를 통합하여 다시 일어서고자 하였던 시도는 성공하지는 못하였으나 성실한 실패로 인정받는 것인지, 오랫동안 스코틀랜드를 억압해 온 잉글랜드에 의해 참수되어 스코틀랜드인의 영원한 정신적 지주로 남은 것인지는 모를일이다.

16세기 영국은 엘리자베스 1세와 메리 스튜어트 두 여자가 만들었다고 해도 과언이 아니다. 엘리자베스 1세는 메리 스튜어트라는 강력한 라이벌이 있었기에 자신의 통치권을 더욱 공고히 하고 성공한 군주가 될 수 있었다. 한편 메리 스튜어트는 죽음의 칼이 목에 들어오는 순간까지도 자신의 왕위 계승권을 저버리지 않았다. 그것이 결국 아들에게 이어져 제임스 1세가 잉글랜드와 스코틀랜드를 통합하게 되는 것이다. 메리 스튜어트는 불꽃같은 삶을 살고 그 불꽃에 스스로를 태워버린 적극적인 여성이었다.

프란체스코 종과 마녀 사냥

550만 명의 관객을 동원한 〈검은 사제들〉(2015)이란 영화가 있다. 미국 영화 〈엑소시스트〉처럼, 구마사(퇴마사, exorcist)가 구마驅魔, 퇴마, exorcism의식을 시행하여 소녀에 깃든 귀신을 쫓아내는 내용이다. 영화는 수도승단이 쫓는 12형상의 악령 중 하나가 서울의 한 소녀의 몸속에 숨어 들어가 있다는 설정이다. 한 외골수 신부와 어릴 때 동생을 잃은 상처를 안고 사는 신학생 부제가 힘든 구마의식을 거행하여 악령으로부터 소녀를 구하는 내용이다.

영화사로부터 구마 의식의 클라이맥스에서 사제가 종을 울리며 귀신을 쫓는 장엄한 장면에 잘 맞는 종을 빌려달라는 부탁을 받았다. 기독교 모티브의 묵직한 청동 종 몇 개를 소품담당 직원에게 챙겨주며 감독과 상의해보라고 했더니, 감독은 그 중에서 복음 전도자evangelist의 종을 선택하였다. 영화에서는 고대 수도승들이 영靈이 들린 동물이 있는 숲을 지날 때 쳤다고 전해지는 프란체스코의 종으로 소개되었다. 이 종에는 예수의 행적을 그린 신약 성서의 4 복음서를 기록한 마테, 마가, 누가, 요한 성인의 이름과 그들의 상징인 날개 달린 사람, 성 마르코의 사자, 성 누가의 날개달린 황소와 독수리가 새겨져 있다. 펠리컨이 새겨진 전도자의 종도 있다. 펠리컨은 자기의 옆구리를 쪼아서 피가 흘러내리면 그 피로써 새끼를 살린다고 알려져 있다. 성서에는 로마병사의 창이 십자가에 매달린 예수의 옆구리를 찔러서 피와 물이 솟구쳤다고 기록하고 있는데, 펠리컨은 십자가에 박혀 피를 흘려 인류를 구원하신 예수의 상징으로 믿어진 것이다. 중세 이후에 제작된 많은 기독교 예술품에는 예수의 상징으로 펠리컨

영화 〈검은 사제들〉에 소개된 복음전도자의 종

이 묘사되어있다.

악령이 들어 사악한 목적으로 이용될 수 있는 초자연적 능력을 지녔다는 사람을 마법사magician, 남자는 wizard라 하고, 여자는 마녀witch라 한다. 이는 성직자들을 뜻하는 페르시아어 '마기magi'와 지혜와 철학을 뜻하는 '마그딤maghdim'에서 유래하였다. 마녀에 관한 기록은 오래전부터 있었고, 로마 시대의 시나 성서에도 마녀에 관하여 자세하게 기록되어있다. 오늘날에는 마술이 즐거움을 주는 놀이가 되었으나, 중세 이전 유럽에서는 마술사를 재앙을 불러오거나 때로는 재난을 피할 수 있는 능력도 지닌 두려운 사람으로 여겨졌다. 마술이 초자연적인 힘을 빌려 인간의 삶과 자연현상까지도 변화시킬 수 있다고 믿었기 때문이다. 마법은 사람들을 위협하며 세상을 지배하는 수단으로 이용되기도 했다. 대부분의 사회에서 남성보다는 여성 마술사인 마녀가 훨씬 많았다. 유럽에서는 남자 1명에, 마녀는 1만 명 정도였다는 기록이 있다. 서양의 마녀는 대부분 뾰족한 턱에 매부리코를 가진 마귀할멈으로 등장한다. 기독교 사회는 '마녀는 한밤중에 빗자루를 타고 마녀집회에 나가 악마와 성관계를 맺으며 악마와 계약하여 사회에 재앙을 가져온다'고 믿었다.

초기 기독교의 성직자들은 마법은 속임수일 뿐이며, 신자는 예수의 이름을 부르는 것만으로도 마법을 물리칠 수 있다고 전파했다. 하느님만이 전능한 분이므로 마법을 행한다는 주장은 거짓 환상이며, 현실과 환상은 완전히 다르다고 설교했다. 그러나 교회의 의도와는 다르게 오히려 마법이 실제 가능하다고 믿는 사람들이 늘어만 갔다. 마법을 쓰는 악마가 실제 세상에 존재하며, 하느님과 동등한 실력을 행사한다고 생각했다. 마법은 하느님의 상대자인 악마의 능력이라는 것이다.

문학과 영화에서는 악령이 들린 사람을 종교적 구마 의식으로 구원하고 있다. 그러나 기독교가 지배하던 중세 유럽에는 악령이 들었다는 의심을 받는 것은 그 사람의 목숨을 잃을 가능성이

마녀, 도자기로 만든 할로윈 장식, 30cm.　오즈의 마법사 도자기 종, 9cm, 2010년.

있는 재앙이었다. 악마적인 마법이 하느님의 존재를 부정하는 이단이라고 여겨지면서 종교재판이 발호하기 시작한 것이다. 전 유럽에는 악마 숭배에 대한 격렬한 반감이 팽배하였는데, 여기에는 "너희는 무당을 살려두지 말지니라출애굽기 22장 18"는 성경의 내용이 바탕이 되었다. 1300년을 경계로 마녀에 대한 교회의 태도가 갑자기 강경해졌다. 마녀에 대한 공개 재판과 이어진 사형집행으로 연결되어졌다. 이러한 불합리하고 비인도적인 조치를 비난하거나 반대한 사람들도 같이 화형에 처해졌다.

잔 다르크의 화형, 허만 스틸케 작, 1843년. 잔 다르크 청동종, 발랜타인 조각, 1979.

프랑스에서 시작된 마녀사냥은 극적이고 교훈적이었으므로 빠르게 서유럽 전역과 아메리카 대륙으로 확산되었다. 절정은 1585년부터 약 50년 동안이었고, 13 ~ 18세기에 걸친 마녀사냥으로 최소 50만 명에서 최대 수백만 명이 희생되었다고 한다. 마녀사냥은 여성 마술사만을 목표로 한 것이 아니었고, 점차 신학적 원죄가 있는 존재인 여성을 대상으로 하였다. 희생자 중 남자는 10 ~ 15% 정도였다. 초기에는 이교도를 박해하던 기구인 종교 재판소가 전담하였고, 희생자의 수도 많지 않았다. 그러나 일반 법정이 마녀사냥을 담당하게 되어, 전 유럽으로 광풍이 몰아쳤다. 종교적 및 정치 질서에서 벗어난 여성, 특히 과부들을 마녀로 지목하였고, 교황의 권위를 세우는 데에도 이용되었다. 영국군에 사로잡혔던 프랑스의 구국영웅 잔 다르크도 1431년 마녀로 몰려 화형을 당하였다.

마녀사냥의 정점에는 바티칸의 교황이 있었다. 1484년 인노켄티우스 8세는 전염병과 폭풍이 마녀의 짓이라는 교서를 내렸고, 모든 나라에 마녀 심문관을 임명하고 기소, 화형으로 처형을 할 수 있다는 칙령을 내렸다. 후임 교황들도 마녀를 신에 대한 모독과 반역죄로 처형할 권한을 주었다. 처음에는 마법의 종류에 따라 처벌 정도가 달랐으나, 시간이 경과하며 기소된 사람의 반이 고문 끝에 처형될 정도로 잔혹해졌다. 16세기에 작성된 독일 여행기에는 작센에서 하루에 133명, 제네바에서는 3개월 동안 5백 명이 화형에 처해졌다고 하였다. 독일의 한 도시에서는 전체 7천 명이 화형을 당했고, 마을 두 곳에서는 오직 두 명의 여자만이 살아남았다고 한다. 다른 도시에서는 의회가 거리를 배회하는 마녀를 박멸하자고 결의한 후, 수십 명을 마녀로 체포하여 화형 하거나 참수하였다고 한다. 바이에른에서는 한 마녀가 체포된 후, 그녀의 증언으로 48명이 연속적으로 마녀로 낙인찍혀 화형 을 당하였다. 어느 지방의 처형된 마녀 157명을 분석한 자료에 따르면 이들은 다양한 연령과 계급, 직업의 사람들이었다. 시의 원과 그의 처자, 고급관리의 부인, 그 지방의 가장 아름다운 자 매, 10세 이하의 아이들도 포함되었다. 거의 매일 마녀재판이 열 렸고, 처형한 것을 자랑하는 재판관도 많았다. 한 재판관은 15년 간 900명을 화형에 처했다고 기록하였다. 이러한 상황은 프랑스 에서도 마찬가지였다.

재판에서 교회법상 유죄가 인정되려면 자백이 필요했다. 당시 고문이 합법화였던 만큼 극심한 공포를 주는 심문과 혹독한 고 문이 가해졌다. 심한 고문은 언제나 자백을 하게 만들었고, 동료 를 고발하는 또 다른 마녀사냥의 시작을 의미했다. 이 비극적인 모습을 반복적으로 지켜본 일반인들은 마녀현상이 심각한 문제라고 여기게 되었다. 마녀사냥은 17세기 말부터 갑자기 진정되기 시작하였는데, 1782년 스위스에서 한 마녀가 고문 끝에 참수형에 처해진 것을 끝으로 마녀재판도 자취를 감추었다. 르네상스의 영향으로 이성적인 생각과 과학적인 사고가 지배하면서 마녀재판도 사라진 것이다. 수많은 생명이 희생된 후, 계몽사상가들이 주창한 양심의 자유, 종교의 자유가 보편적인 관념으로 받아들여지게 되었다.

사실 악마와 마법 그리고 마녀가 사회를 위협한다는 사고는 귀족과 신부 및 법관들이 만들어낸 창작품이었다. 마녀사냥은 이교도의 침입과 종교개혁 전쟁, 어려워진 경제사정, 기근, 페스트 등으로 혼란스러웠던 15세기에 권력을 유지하기 위한 수단이면서, 다방면에서 도전받고 있던 교황의 권위와 가톨릭 체제를 유지하기 위한 탈출구였다. 연속된 인류의 불행이 마법사와 마녀의 불길한 행동 때문이라고 책임을 전가하였고, 심판관은 사회가 선택한 희생양에 대해 마법의 결과에 대한 책임이 있음을 자백하라고 강요하였다. 가톨릭은 개신교도를 이단이나 마녀로 몰았으나, 개신교도 역시 내부의 반대파에 대한 마녀사냥을 자행했다.

마녀사냥은 대부분 탐문이나 고발로 시작되었다. 단독 활동을 하는 고발자들이 많았다. 이들은 교회를 비난하거나 교리에 의

문을 표했다는 사람들을 고발하며 생활하던 사람이었다. 마녀 신고 의무에 따라 마녀를 고발하지 않으면 이단으로 치부되었으므로 가족, 주인과 하인, 가톨릭의 사제 간에도 서로 밀고하는 경우가 많았다. 체포된 용의자는 투옥되었고, 자백을 강요하기 위한 심문과 고문이 이어졌다. 증언자는 마녀에게 불리한 증언을 할 경우에만 증인으로 인정되었다. 마녀는 다른 마녀를 증언할 수 있었고, 고문에 의하여 다른 사람을 마녀로 고발하는 일이 비일비재하였다.

재판에서 변호는 허락되었으나, 도중에 이단자로 몰릴 위험이 있는 위험한 변호를 자청한 사람은 없었다. 마녀에 대한 심문은 일방적으로 불리한 내용이었다. '당신은 마녀가 된 지 몇 년이 되었나?', '마녀가 된 이유는?', '당신이 선택한 남자 색마의 이름은?', '악마에게 서약한 내용은?', '마녀집회의 내용은?', '공범자는?' 등등이 주된 내용이었다. 마녀 감별법은 단순하나 피의자에게 큰 고통을 주었다. 마녀는 사악하여 눈물이 없다고 하였기에, 혐의자는 우선적으로 눈물을 흘릴 수 있다는 것을 보여야 했다. 또한 마녀는 악마와 성교하며, 신체에는 악마와 결탁한 마녀 마크가 남아있다고 생각했다. 재판관은 나체 상태에서 피의자를 관찰하고, 유방이나 음부 등에서 사마귀, 반점, 기미, 주근깨 등 마녀의 점이 나오면 그 자리를 긴 바늘로 깊숙하게 찔러 감각을

17세기 마녀에 대한 화형 준비와 교수형을 기록한 책의 삽화, 출처 : 위키피디아.

느끼는지, 피가 흐르는지 시험했다. 마녀는 감각이 없고, 난교에 의해 피를 소진해버렸기에 피가 나오지 않는다고 생각했기 때문이다. '불시험'은 달군 쇠로 몸을 지지는 것이다. 혐의자가 이 시험을 받아들이는 순간 마녀로 치부되었다. 마녀는 악마의 도움을 받는데, 죽을 수 있는 불시험을 받아들이는 것은 마녀의 도움을 받는 증거라고 한 것이다. '물시험'도 있었다. 혐의자를 담요에 묶고 깊은 물에 빠뜨린다. 청결한 물은 마녀가 들어오면 밖으로 밀어낸다고 믿었다. 그녀가 익사하면 혐의를 벗게 되나, 물에서 떠오른다면 악마의 도움으로 살아난 마녀로 간주되어 화형에 처했다. 마녀든 아니든 죽는 것은 같았다.

마녀재판은 재정적인 이유와 연관되어 있었다. 마녀로 체포되면 전 재산이 기록되었고, 마녀로 유죄판결을 받아 사형선고를 받으면 재산몰수형이 부가되었다. 결국은 그녀가 소유했던 전 재산은 재판을 담당했던 공무원에게로 넘어가는 것이 보통이었다. 이러한 이유로 인하여 증인해 줄 가족은 없으면서도 부유한 과부들이 마녀로 고발되는 경우가 많았다.

마녀재판과 처형은 재판을 관장하던 교회에도 큰 이익을 안겨주는 사업이었다. 혐의자를 심문하는데 소요되는 고문기구 값, 고문기술자 급여, 판사의 인건비, 체포 시에 쓴 비용, 화형 집행 경비나 못을 맨 밧줄 값, 관 값, 교황에게 내야 하는 마녀세 등을 모두 용의자가 부담하여야 했다. 그러므로 성직자들끼리 사형자의 유해를 빼앗기 위한 다툼도 일어났다. 독일 교구에서는 관리의 부당요금 징수를 방지하기 위하여 공정 요금표를 공표하기도 했다. 일단 마녀로 지목되면 그 자체가 지옥으로 떨어진 것과 같았다.

고문 끝에 공개적인 화형과 교수형을 행하던 마녀사냥은 사라졌으나, 사회가 한 사람이나 집단을 집단 린치하는 방식은 20세기에도 만연하였다. 히틀러의 유대인 학살, 지식인들을 공산주의자를 몰았던 매카시즘, 반대파를 반혁명분자로 몰아 추방하고 처형한 중국의 문화혁명, 그리고 무관용적인 민족주의와 극심해지고 있는 종교적 배타주의는 아직도 만연하고 있는 비슷한 형태의 마녀사냥일 것이다. 2000년 3월 교황청은 과거 교회가 하느님의 뜻이라는 핑계로 인류에게 저지른 각종 잘못을 최초로 공식 인정한 문건을 발표했다. 교황 요한 바오로 2세는 성 베드로 성당의 미사에서 과거에 일어났던 이단 심문, 십자군 원정, 유대인 차별, 다른 종교와의 반목, 여성에 대한 억압, 신대륙의 원주민 학살 등의 잘못을 거론하며 용서를 구했다. 신앙의 순수성 수호라는 명분하에 중세 교회가 한 인간에게 낙인을 찍고, 각종 고문과 형벌을 가하였던 마녀사냥에 대하여 가톨릭의 이름으로 사죄한 것이다.

한국 사회를 생각해 본다. 현재도 의견의 차이를 다르다고 인정하기 보다는 옳고 그름의 이분법으로 구분하여 한 사람에게 낙인을 찍는 '마녀사냥'을 쉽게 볼 수 있다. 역사는 반복된다. 그러나 절대 반복되지 않았으면 하는 우리의 추한 모습도 있다. 먼 후일, 또 다시 뼈저리게 반성하고 사죄를 반복할 수만은 없기 때문이다.

누구를 위하여 종은 울리나

양선규(소설가, 대구교육대학교 교수)

《누구를 위하여 종은 울리나For Whom the Bell Tolls》는 헤밍웨이가 스페인 내전을 배경으로 쓴 일종의 승리勝利소설이다. 나는 "기계는 오래 견디고 동물은 생존한다. 그러나 오직 인간만이 승리할 수 있다"라는 윌리엄 포크너의 말(노벨문학상 수상 연설)을 좋아하는데, 소설 중에서도 그런 테마를 가진 것들을 골라서 따로 '승리 소설'이라고 부른다. 물론 내 멋대로 붙인 이름이다. 미국의 젊은 대학 강사 로버트 조던은 스페인 내란에서 반反프랑코파의 게릴라 부대에 의용군으로 참가한다. 조던은 거기서 마리아라는 여인을 만나 그녀를 사랑하게 된다. 마리아는 내전의 상처가 깊었던 열아홉 살의 소녀인데 조던을 만나 참혹한 상흔을 딛고 열정적인 사랑을 경험한다. 한편 그들은 군사적인 요충지인 산중 대철교의 폭파 임무를 부여받고 그 지역의 사정에 밝은 여성 집시 지도자 필라의 도움을 받아 성공적으로 임무를 완수한다. 그러나 퇴각하던 과정에서 조던은 적군의 포격으로 부상을 입는다. 조던은 떨어지지 않겠다는 마리아를 설득하고(필라가 강제로 그녀를 데리고 간다) 자신은 홀로 남아 기관총을 쏘며 동료들의 탈출을 돕는다. 소설은 이들 남녀 주인공이 이 폭파 임무를 수행하는 3일 동안의 불꽃같은 사랑과 투쟁의 궤적을 그린 것이다. 헤밍웨이는 자신이 터득한 '행동의 깊이'를 소설로 옮긴 작가로 유명하다. 이 작품 역시 자신의 참전 경험이 바탕이 되어 쓰인 것으로 격변기의 인간들의 사랑과 투쟁이 행동의 구체성을 담보한 채 생동감 있게 묘사되고 있다.

외우畏友 이재태 교수가 《종소리, 세상을 바꾸다》라는 이름으로 자신의 '종 이야기'를 책으로 묶어낸다는 소식을 접하고 가장 먼저 떠오른 것이 바로 헤밍웨이의 소설 《누구를 위하여 종은 울리나》였다. 그 이유는 좀(?) 간단하다. 소년 시절부터 궁금했던 것이 '누구를 위하여 종은 울리나' 라는 제목이 지닌 함의含意였다. 제목에 사용된 종이 조종弔鐘이고 '묻지 마라 누구를 위해 종이 울리느냐고, 종은 바로 그대를 위해 울린다' 라는 뜻이라는 설명이 있기는 했지만, 알 듯 모를 듯, 그 궁금증이 시원하게 풀리지는 않았다. 작가가 자신이 쓴 이야기에 제목을 붙이는 일은 이를테면 화룡점정畵龍點睛에 비견될 수 있다. 제목을 제대로 붙이면 용이 되어 하늘로 날아오를 수 있지만, 그렇지 못할 경우에는 독서대중의 눈에서 벗어나 범작凡作 취급을 받고 영영 무관심 속에 묻혀버릴 수도 있다. 그만큼 제목의 힘이 크다. 독서의 첫걸음이 바로 '제목의 의미가 작품의 어느 부분에서 결정적으로 해명되는가' 를 아는 일이니 독서대중의 제목에 대한 편애를 탓할 수만도 없는 일이다. 제목의 함의는 작품 전체에서 최소한 절반 이상의 비중을 갖는 것이다. 그런 의미에서 '누구를 위해 종은 울리나' 라는 제목의 뜻을 명확하게 이해하지 못했다는 것은 결국 내가 그 소설을 제대로 소화해내지 못했다는 말이 되는 셈이었다. 그렇게 무지몽매無知蒙昧한 상태로 수십 년을 보냈는데 어느 날 계시가 내려왔다. 이 교수의 '종

이야기'가 바로 그것이다. 매달 배달되는 그의 깊고 친절한 '종 이야기'를 접하면서 '종鐘이란 우리에게 무엇인가'라는 질문에 대한 어떤 '주관식 답안지' 같은 것이 나도 모르는 사이에 내 안에서 기록되기 시작했던 것이다. 한 줄로 요약하기 어렵지만, 우리의 삶은 늘 갱신되어야 하는 어떤 것이고, 그것은 희생과 헌신, 조건 없는 사랑을 통해서 구현될 수 있으며, 종은 그것을 일깨우는 하나의 표상이다, 대강 그런 내용이었다. 그러니까 '누구를 위하여 종은 울리나'라는 제목은 '우리는 어떻게 살아야 하나', '구원의 의미와 가치는 무엇인가', '사랑 없는 구원도 가능한가', '악은 어떻게 극복되는가', '행동 없이도 선의 실현은 가능한가' 등등의 구구한 물음들을 '종'이라는 상징을 사용해 단번에, 일괄 총체적으로, 전달하고 있는 것이었다. 그야말로 탁월한 상징적 표현이었다. 그렇다는 생각이 들었다. 물론 순전히 내 멋대로 쓴 주관식 답안지였지만.

《종소리, 세상을 바꾸다》는 네 파트로 나뉘어져 있다. 울리고, 깨우고, 밝히고, 바꾸는, 종의 신호로부터 상징에 이르는, 다양한 역할과 기능을 중심으로 세계 각국의 종과 그에 얽힌 재미있는 이야기들이 깊이 있게 서술되고 있다. 그러니까 이 책은 '종의 인문학'이다. 하나의 종이 탄생하기까지에는 우리가 기억할 만한 역사적, 철학적, 문화적 배경이 반드시 존재한다는 것을 상세히 밝히고 있다. 물론 단순 지식의 나열이 아니라 그런 앎을 통해 우리가 도달해야 할 윤리적 귀착점이 어디쯤인가를 넌지시 가리키는 것도 이 책은 잊지 않는다. 그래서 하나의 종 이야기를 접하면 다음 종이야기에 대한 호기심이 절로 일어난다. 내 안의 욕망, 내 안의 희열, 내 안의 좌절, 내 안의 믿음 등 다양한 '나의 이야기'들이 그속에 들어가 있기 때문이다.

폴란드에서 제작된 것으로 알려진 붉은 유리 종으로 손잡이는 여왕의 반신상 모습을 하였고 드레스의 스커트는 붉은 유리이다. 1813년경 폴란드에서 만든 것으로 추측되며, 유리에 붉은 에나멜칠을 하고, 손으로 그린 구름 모양의 흰색-푸른색 무늬가 에나멜칠 위에 그려져 있다. 손잡이는 왕관을 쓰고 정장을 한 순은제 여왕queen이다. 영어로 Queen은 여왕뿐만 아니라 왕비를 말하기도

하므로 폴란드의 왕비이거나, 또는 이 시기 폴란드를 실질적으로 지배하였던 나폴레옹1세의 두 번째 부인이었던 마리 루이사를 모델로 한 것인지도 모르겠다.

- 〈폴란드 왕비〉 중에서

개인적으로 이 책에 소개된 종 중에서 가장 아름답다고 느낀 〈폴란드 왕비〉에 대한 설명이다. 손잡이는 여왕(왕비)의 상반신을, 종 몸체는 풍성한 치마를 배치한 종인데 상하의 에나멜 색감의 대비가 너무 좋다. 주인공을 특정하는 저자의 설명도 유연하다. 여왕인지 왕비인지, 폴란드 왕비인지 마리 루이사인지 단정하지 않고 그저 담담하게 자신의 상상을 소개할 뿐이다. 독자는 저자의 그런 부드러운 안내를 따라서, 그 종을 만든 장인은 누구일까? 이 아름다운 종은 맨 처음 누가 소지했을까? 그리고 이 종을 소지하면서, 가까운 곳에 두고 보면서, 한 번씩 통랑한 종소리를 듣고자 했던 그들의 마음속에는 어떤 색감의 정조情調들이 흘렀을까를 생각해 본다. 그러면서 세속의 먼지들이 가득 내려앉아 있는 내 책상을 툭툭 한 번 털어본다.

무릇, 인간이 만든 기물器物에는 길흉화복, 예외 없이 인간의 이 야기가 담겨 있다. 우리나라 도깨비 이야기에는 쓰다 버려진 기물들이 도깨비로 변해 길흉화복의 전달자로 활약하는 장면이 곧잘 등장한다. 그런 내용 속에는 우리 주변의 기물들을 허투루 보지 말라는 어떤 사려 깊은 권고가 담겨 있다. 인생에는 어느 것 하나 하찮은 것이 없다는 것이다. 물론 모든 '허투루 보지 않기'의 궁극적인 지향점은 '인간'이다. 이 교수가 종을 모으는 행위를 "수집이란 물건에 다시 혼을 불어넣는 행위"라고 말하고 있는 것도 결국은 그러한 '가리지 않는 인간사랑'의 실천에 대한 환유일 것이다. 그래서 나는 인간 이재태도 좋아하고, 그의 종도 좋아하고, 그의 종 이야기도 좋아한다.

마지막으로, '나를 울린 종'과 관련된 에피소드 하나를 소개하면서 이 '팬레터 쓰기'를 마치기로 한다. 얼마 전에 집사람과 함께 〈검은 사제들〉이라는 영화를 보았다. 배우 김윤석과 강동원이 구마驅魔, 마귀를 몰아 내쫓음 전문 사제로 나와 열연한 영화였다. 이야기 전개가 속도감이 있고 장면 묘사가 리얼해서 시간 가는 줄 모르고 본 영화다. 너무 몰입이 되었는지, 목숨을 걸고 마귀와 싸우는 주인공들을 보고 나오면서 갑자기, 신심도 없는 주제에, "세상의 악을 없애시는…"이라는 말이 내 입에서 튀어나왔다. 그러자 옆에 있던 아내가 "'세상의 죄를 없애시는' 이거든!"이라고 면박을 주기도 했었다. 면박을 받으면서도 속으로는 "그게 그것 아닌가?"라고 반발했던 기억도 난다. 그렇게 열심히, 재미있게 본 영화가 〈검은 사제들〉이었다. 그런데 영화의 클라이맥스 때 사용된 종(구마 의식의 필수 도구)이 바로 이 교수가 제공한 종이라는 거였다.

영화사로부터 구마 의식의 클라이맥스에서 사제가 종을 울리며 귀신을 쫓는 장엄한 장면에 잘 맞는 종을 빌려달라는 부탁을 받았다. 기독교 모티브의 묵직한 청동 종 몇 개를 소품담당 직원에게 챙겨주며 감독과 상의해보라고 했더니, 감독은 그 중에서 복음 전도자evangelist의 종을 선택하였다. 영화에서는 고대 수도승들이 영靈이 들린 동물이 있는 숲을 지날 때 쳤다고 전해지는 프란체스코의 종으로 소개되었다. 이 종에는 예수의 행적을 그린 신약 성서의 4 복음서를 기록한 마태, 마가, 누가, 요한 성인의 이름과 그들의 상징인 날개 달린 사람, 성 마르코의 사자, 성 누가의 날개 달린 황소와 독수리가 새겨져 있다. 펠리칸이 새겨진 전도자의 종도 있다. 펠리칸은 자기의 옆구리를 쪼아서 피가 흘러내리면 그 피로 새끼를 살린다고 알려져 있다. 성서에는 로마병사의 창이 십자가에 매달린 예수의 옆구리를 찔러서 피와 물이 솟구쳤다고 기록하고 있는데, 펠리칸은 십자가에 박혀 피를 흘려 인류를 구원하신 예수의 상징으로 믿어진 것이다. 중세 이후에 제작된 많은 기독교 예술품에는 예수의 상징으로 펠리칸이 묘사되어 있다.

- 〈프란체스코종과 마녀사냥〉 중에서

영화 속 구마의식의 정점에서 강동원이 흔들던, 화면 전체에 클로즈업되던, 바로 그 종이었다. "어둠은 물러가고 이제 그의 날이 올 것이다"라는 주문과 함께 화면 전체를 울리던 그 종소리, 오래되어 친숙했던 그 통랑한 소리를 잊을 수 없었다. 그 종이 이 교수의 종이었다니, 그 장면에서 걷잡을 수 없는 전율을 느꼈던 나에게는 정말 짜릿한 소식이었다. 내게 가까운 것 중에 그렇게 높이 된 것이 있다는 게 또 즐거웠다. 이 글을 쓰면서 지금 그 장면을 다시

한 번 보는 중이다. 전에 못 보았던 것들이 새롭게 보인다. 그 단아하고 무겁고 거룩한 종 모양이 이제야 비로소 확연히 눈에 들어온다. 표면의 무늬들조차 선명하다. 종이 클로즈업되는 장면에서는 거역할 수 없는 압도감마저 느낀다. 주문을 타고 울려 퍼지는 종소리가 내 몸을 마구 흔든다. 정말이지, '누구를 위하여 종은 울리나'이다. 이 교수의 말이 맞다. 종소리가 바꾸는 게 너무 많다.

인류의 문명과 함께한 종 이야기

원보현 (진천종박물관 학예연구사)

세계에는 인류의 문명과 함께 발전한 다양한 종이 있다. 작은 방울부터 큰 대형 종까지 필요에 따라 진화해온 세상의 종들은 그 나라의 문화와 역사가 담겨 있다. 우리나라에도 다양한 종류의 종이 존재하였으나, 그 쓰임이 줄면서 현재는 사찰이나 성당에서 쓰이는 종과 지방자치단체에서 제작한 시민의 종 정도만 남기고 사라져 갔다. 종은 신과 연결된 지상地上의 도구로 여겨지며 종교 행사에서 주로 사용되어 왔다.

동양과 서양에서 종의 역할은 처음에는 비슷하였을 것으로 추측

되나, 종교와 문화의 차이에 따라 많은 점에서 달라졌다. 서양에서는 종이 종교적 목적 뿐만 아니라, 실생활 속에 다양하게 용해되어졌다. 하인이나 집사를 부르는 탁상 종(데스크 벨)도 용도에 따라 모양이 달랐고, 화려하게 장식되어 조형미를 뽐내고 있다.

나에게 종의 다양한 아름다움에 대하여 처음 눈을 뜨게 해 주신 분이 이재태 선생님이다. 선생님과의 인연은 작은 신문기사로부터 시작되었다. 10년 전 세계의 종을 오랜 시간 수집하고 있는 분이 있다는 신문기사를 보고, 다른 나라의 종은 어떤 모습일까? 하는 호기심이 발동하였다. 그 후 선생님과 몇 차례 연락을 주고받은 후 대구로 내려가 그동안 수집하신 종들을 직접 볼 수 있었다. 장식장을 가득 채운 수 많은 종들도 놀랍기도 했지만, 그 각각의 종에 얽힌 이야기와 역사에 대해 말씀해주시는 모습이 경이로웠다. 마치 그 시간은 새로운 공간속으로 여행을 다녀온 것 같은 기분이었고, 혼자만의 행복감으로 끝내기엔 아쉬움이 많이 남았다.

선생님께 상의를 드려서 종박물관에 세계의 종 전시장을 꾸미고 선생님의 소장품을 주제별로 엮어 몇 년간 전시를 이어가기로 하였다. 2009년부터 시작된 세계의 종 전시는 생각보다 어려움이 많았다. 수 백 개의 작은 종들을 분류하고 설명할 내용을 상세하게 정리하는 것부터 다양한 재료로 만든 오래된 종들을 포장하고 운반해서 전시장에 배치하는 것에는 많은 시간이 필요했다. 또 일일이 사진을 찍고 도록에 게재하는 일까지 꼬박 10개월 정도의 시간이 걸리는 일이었다. 하지만 그렇게 시작된 세계의 종 전시는 지금 진천종박물관에서 가장 인기 있는 공간이 되었다. 지금까지 인물종, 데스크벨, 유리 종, 생활 속의 종 그리고 나의 애장품 종 시리즈로 나누어서 2,000점 이상의 아름다운 종들이 전시되었다. 이렇게 다섯 번의 세계의 종 전시를 준비하던 시간들은 우리에겐 값진 시간이었다. 새로운 종을 만날 때 마다 또 그에 얽힌 이야기들을 알게 되고, 그 다양성에 감탄하던 순간들은 관람객과 전시를 준비한 우리 모두에게 기쁨이고 행복이었다. 올해에 만나게 될 새로운 종들은 또 어떤 이야기를 담고 있을까 기대가 된다.

　그동안 선생님과 함께 전시를 준비하면서. 어떤 연구 자료에서도 접할 수 없었던 종에 얽힌 문화와 역사에 관한 넓고도 깊은 이야기를 들을 수 있었다. 이번에 출간하는 '우리의 삶과 종'은 오랜 기간동안 지속되어온 선생님의 종에 대한 짝사랑과 끈끈한 열정으로 탄생시킨 멋진 책이라 생각된다. 다양한 모습으로 살아가고 있는 세계 각국 사람들의 생각을 종이라는 오브제를 통하여 고요하게 흐르는 강물처럼 설명하고 있다. 많은 사람들이 공유할 수 있으면 좋겠다.

우리의 삶과 종

정민석 (아주대학교 의과대학 교수, 의학만화《해부하다 생긴 일》저자)

옛날, 의과대학에서 떠돌던 우스갯소리가 있었다. 의과대학 학생들에게는 전화번호부를 주면 무턱대고 외울 궁리를 한다는 것이다. 늘 외우는 훈련을 받았기 때문이다. 그렇게 외우다 보면 외우는 요령을 터득하기도 하고, 전화번호부를 누가 왜 만들었는지를 따지기도 하였던 것이다.

종 수집가 이재태 교수도 처음에는 단순한 호기심에 종을 모으기 시작했을 것이다. 그렇게 모으다보니 25년이라는 세월이 흘렀고, 지금은 1만여 점의 종을 모아 개인으로서는 참으로 어려운 업적을 이루었다. 이렇게 긴 시간동안 종을 수집하면서 종의 특징을 하나하나 살피게 되었고, 누가 왜 이런 종을 만들었는지를 따지기도 했을 것이다. 그래서 그 종에 대한 역사와 그와 관련된 문화를 알게 되었고, 지금은 종에 대한 최고의 전문가가 되지 않았나 생각한다.

전문가는 흔히 말하는 고수高手다. 고수는 한 가지 일에 최선을 다하는 사람만이 도달할 수 있는 경지다. 관심을 가지고 끈질기게 노력한다면 자신의 직업과 관계없는 일에서도 충분히 고수가 될 수 있다. 이재태 교수가 그런 경우다.

괜찮은 의사이자 나름 유명한 의학자이기도 한 그가 호기심과 취미로 시작한 종이라는 분야로도 충분히 고수의 경지에 오를 수 있다는 것을 보여주는 멋진 본보기다. 얼마나 많은 노력과 관심을 기울였으면 이런 훌륭한 안목과 해박한 지식을 가질 수 있을까? 감히 감탄한 뿐이다. 역사학자나 인문학 분야의 교수도 아닌 그가, 단순히 취미로 종을 모으면서 독자에게 종이라는 매개를 통해 세계사에 기록된 굵직굵직한 사건의 원인과 배경을 시원하게 알려

추천사

준다는 사실이 얼마나 경이로운 일인가?

　이 책이 특별한 이유가 있다. 단순히 종에 대한 특징만 수록한 것이 아니라는 것이다. 어떤 종이 무슨 재질로 만들어졌으며, 무슨 색깔이고 크기가 얼마인지 등 보이는 것만 알려주는 것이 아니다. 종이 가진 제각각의 본질을 통해 현재를 살아가는 사람들이 원하는 역사와 문화에 대한 갈증을 충분히 해소해 주고 있다는 데에 있다. 곧 종을 만든 사람들의 마음과 그 시기의 시대상황, 생성된 문화를 덧붙이고 있다. 그리하여 종에 담겨진 인류의 역사를 음미하면서, 세상이 나아가야할 방향을 제시하지 않는가. 독자들은 이 책을 통해 우리의 과거를 살펴볼 수 있으며, 이를 통하여 앞날을 꿈꿀 수 있게 될 것이라 믿는다.

　이 책을 여행에 비유하면 배낭여행이다. 겉만 보며 빠르게 스쳐가는 단체 여행이 아니라 혼자 천천히 걸으면서 사물과 일체가 되어 보고 느끼는 배낭여행이다. 읽는 이에게 모든 사물을 더 깊게 보고 많은 생각을 하게 만드는 참으로 보석 같은 존재다.

세상을 바꾼 종 이야기

롭 로이 (Robert G. Roy, 종 수집가, 캐나다의 빈스부룩)

이 박사는 의학자로서 그리고 의료산업 연구 개발 분야에서 중요한 역할을 해왔다는 것을 잘 알고 있다. 나는 그가 바쁜 일상 중에서도 이번에 발간하게 된 책으로 알 수 있듯이, 세계 역사와 관련된 종에 관한 재미있고 유익한 글들을 발표해왔다는 사실이 흥미로웠다. 그는 지난 5년간 방대한 수집품을 잘 정리하여 한국의 진천종박물관에서 연속적인 전시회를 기획하였고, 종을 담은 아름다운 도록을 발간하여 멀리 나에게 보내주었다. 지금까지 보았던 종에 관한 어떤 화보보다도 잘 만들어진 이 책을 받고 깊은 감동을 받았었다.

이 박사와 나는 캐나다와 한국이라는 지구 반대편에 위치하고 있고, 서로 생각하는 방식이나 살아온 환경도 다르지만 종을 사랑한다는 한가지로 오랫동안 친구로 지내왔다. 우리는 종에 관한 의견을 교환하고, 또 때로는 서로의 부족한 점을 채워가며 오랫동안 소통해 왔다. 종에 대한 사랑과 종 수집에 대한 열정은 우리를 하나로 되게 하였고, 우리는 종을 통하여 세계 역사, 종교, 문화, 예술, 그리고 인간사뿐만 아니라 우리의 삶에 관한 폭넓은 시야를 확보할 수 있었다. 나는 지금까지 우리가 누려왔던 아름다운 우정을 오래오래 지속할 수 있었으면 한다.

'종소리, 세상을 바꾸다'는 흥미로운 세계의 종에 얽힌 이야기들이 잘 정리된 책일 것이다. 언젠가 나의 이름과 같은 스코틀랜드 투사와 관련된 스코틀랜드 투쟁사에 관하여 서로 메일을 주고받은 적이 있었는데, 그것은 어떤 글로 옮겨졌을까 궁금하기도 하다. 언젠가 영문판이 나오면 나도 한번 정독하고 싶다. 멋진 책의 출간을 축하한다.

지은이 | 이재태
펴낸이 | 신중현

초판발행 | 2016년 3월 3일

펴낸곳 | 도서출판 학이사
출판등록 | 제25100-2005-28호

대구광역시 달서구 문화회관11안길 22-1(장동)
전화 _ (053) 554-3431, 3432 팩시밀리 _ (053) 554-3433
홈페이지 _ http://www.학이사.kr
이메일 _ hes3431@naver.com

ISBN _ 979-11-5854016-6 03900